Generis

PUBLISHING

Je suis passionné, je suis audacieux divin : je fait tout

Au-delà de la magie

Léon Claude AMOUGOU AMOUGOU

Poète de l'Eternel

CIP a Camerei Naționale a Cărții

Amougou Amougou, Léon Claude.

Je suis passionné, je suis audacieux divin : je fais tout : Au-delà de la magie / Léon Claude Amougou Amougou. – Chişinău : Generis Publishing (Online Marketing Group), 2020 (Print on demand). – 51 p. : tab., fig. color.

ISBN 978-9975-153-32-4.

27

A 46

Cover image: www.unsplash.com/photos/U3C79SeHa7k

Generis Publishing
Online orders: www.generis-publishing.com
Orders by email: info@generis-publishing.com

A Thérèse Ntolo Mbarga,

*Ma mère, que je remercie tant pour m'avoir transmis génétiquement
l'enthousiasme, cet héritage inestimable.*

« *Dans presque tous les domaines, votre passion sur le sujet vous sauvera. Si vous souhaitez fortement obtenir une chose, vous l'obtiendrez. Si vous souhaitez être bon, vous serez bon. Si vous désirez être riche, vous serez riche. Si vous voulez être cultivé, vous serez cultivé. Seulement vous devez réellement le souhaiter, et le souhaiter exclusivement sans désirer avec la même passion cent autres choses incompatibles* »

William James

« *...Vaincus sont ceux qui n'espèrent pas vaincre* »

J.J. Olméro

Mot de l'auteur

Si la vie se résumait à quelque chose, je dirais qu'elle n'est qu'enthousiasme. Car tout dans la vie demande un élan émotionnel pour se convertir en succès. Le plus souvent, ce qui manque à celui ou à celle qui veut faire l'histoire de sa vie et de sa vie une source d'histoire, ce n'est ni l'intelligence ni les moyens financiers. En effet, la ressource la plus importante à l'homme, c'est l'homme lui-même ; et cela se traduit par la ténacité et l'enthousiasme. Un homme qui a tout perdu a en réalité perdu l'enthousiasme et l'audace. Car le succès tient non pas de ce que nous pouvons posséder, mais de ce qu'on peut faire de ce qu'on possède.

On peut tout avoir comme biens matériels et humains et ne rien faire de notre vie parce qu'il nous manque la direction. Or ce qui nous prouve qu'on n'a trouvé la direction, ce n'est rien d'autre que la passion ou l'enthousiasme que nous ressentons de ce que nous faisons. On peut être capable de faire beaucoup de choses, mais celles faites avec enthousiasme se positionnent comme les meilleures.

On ne décide pas de faire quelque chose avec passion, on constate plutôt qu'on n'a de l'enthousiasme pour une chose. On ne décide pas de bien jouer au foot, on constate en fait qu'on sait jouer au foot, et lorsqu'il faudra relever les défis, c'est avec passion que le joueur s'entraînera mille fois par jour ! Il serait donc un choix sensé que de faire ce pour quoi on ressent de l'enthousiasme.

Comme il arrive à toute entreprise humaine, des obstacles naissent et peuvent même se multiplier afin de barrer la route à l'exploit, mais l'audace que nous prônons a pour rôle de faire éteindre le feu de l'abandon et de l'échec. Au mieux, nous parlons de l'audace divine qui, dans un sens précis, est le courage que peut manifester un fils ou une fille de Dieu.

Nous faisons recours à la parole de Dieu parce que nous tenons à la dignité humaine ; nous ne prônons pas des succès qui ruineraient les nations comme dans le banditisme et les choses semblables. Il est question de faire avancer l'humanité dans la découverte de la nature et la manifestation du bons sens. Tel est notre crédo ; tel est notre espoir qu'incarne cet opuscule.

MERCI !!!

I.   L'ENTHOUSIASME

Selon Larousse, l'enthousiasme est l'admiration passionnée, l'ardeur, l'exaltation joyeuse. On parle encore de passion, qui est une inclination forte parfois irrésistible. Elle s'empare souvent des gens de manière irraisonnée ou inattendue. C'est un mouvement, un élan très vif et affectif qui pousse à aimer sans borne. Pour simplifier, c'est l'amour envers une discipline, un métier, un projet, un travail ou un objectif quelconque. *Il serait donc impératif que l'on fasse ce que l'on aime !*

C'est pour cela que Dieu nous demande de l'aimer, car sans amour, point de passion. La passion, l'enthousiasme, peut nous amener à réaliser n'importe quelle œuvre quels que soient les obstacles. Vous pouvez rabâcher un récit plus de cent fois si vous en êtes passionné sans que cela ne vous nuise. L'on peut toujours se balader avec un individu associable sans être écœuré de ses comportements si l'on aime !

L'enthousiasme peut nous faire marcher sur les détritus de bouteilles cassables jonchant notre chemin sans en ressentir. Pour moi, *c'est un opium de la réussite.* Avec l'enthousiasme, tout devient subitement possible et l'on finit par décrocher un succès se trouvant même sur la voûte céleste. C'est une énergie qui nous enveloppe tout d'un coup et nous anime de manière singulière jusqu'à extinction.

Un enfant de Dieu qui n'est pas passionné de l'œuvre de Dieu fait peur ! Il n'ira pas bien loin. C'est aussi le zèle qui est l'ardeur. L'apôtre Paul nous recommande d'avoir le zèle et non la paresse. *« Ayez du zèle et non de la paresse. Soyez fervents d'esprit. Servez le Seigneur »* (Ro12 : 11).

L'enthousiasme soutient tous les éléments de succès que vous pouvez imaginer. Chaque disposition de succès, comme *l'imagination*, dispose d'un fragment de la passion. *On dira que c'est la carte-mère du succès sur laquelle doivent se connecter tous les éléments de succès !* Je ne conçois pas un succès sans passion à la base, tout comme un couple ne peut subsister sans amour conjugal et fraternel. La passion est un moteur de réussite sans équivoque. Si le succès est une banquette, les éléments ou les clés de succès constituent le dossier, tandis que l'enthousiasme en est le siège même ou l'assise. Paul dit : *« Mettez pour chaussure à vos pieds le zèle que donne l'évangile »* (Ep6 : 15).

Ceci nous prouve bien que la passion méprise les difficultés et tous les obstacles que l'on peut rencontrer en cours de chemin. Qui peut s'engager sur les épines ou les ronces sans une armature adéquate ? ***L'enthousiasme est une véritable armature de succès***. Faites toujours ce que vous aimez et vous réussirez !

1. Faites toujours ce que vous aimez

La Bible dit : « ***La haine excite les querelles, mais l'amour couvre toutes les fautes*** » (Pr10 : 12).

Souvenez-vous qu'on a dit que l'amour envers les choses, les projets, les missions, les objectifs…c'est la passion ; alors la haine envers ces choses serait la paresse ou la passivité. Dans notre contexte, les fautes représentent les enjeux d'un projet… Comme l'amour couvre donc toutes les fautes, la passion couvre tous les enjeux tandis que la paresse les exhibe et les surestiment.

Soyez toujours enthousiastes ! ***Faites toujours ce que vous aimez !*** C'est parce que Jacob aimait Rachel qu'il s'étrangla volontairement par sept années de servitude chez son beau père. **« *Jacob aimait Rachel et il dit : Je te servirai sept ans pour Rachel, ta fille cadette* »** (Ge29 : 18).

Faites toujours ce que vous aimez et vous réussirez !

A cause de l'amour, des milliers d'individus sont prêts à mourir. Frémissez toujours de zèle, d'enthousiasme continûment comme un enfant qui n'arrête pas de gigoter. Au lieu de fumer de la marijuana, bouillonnez de passion pour le bien ! L'enthousiasme est un argent éprouvé par toutes sortes de difficultés. ***Il s'en est sorti vainqueur, victorieux !*** Ceux qui en possèdent sont enclins aux sifflotements impromptus, à cause de la joie qui les anime. Quand vous avez l'enthousiasme, vous frémissez de joie à tout moment, même quand les autres pleurent. Lorsque vous le perdez aussi, vous ressentez immédiatement ce qu'ils ressentent : ***C'est bien sûr la dépression !***

Comment Gédéon et ses compagnons passeraient-ils le Jourdain sans enthousiasme ? « *Gédéon arriva au Jourdain, et il le passa, lui et les trois cents hommes qui étaient avec lui, **fatigués, mais poursuivant toujours*** » (Jg8 : 8).

L'enthousiasme bouscule la fatigue et ouate ses cris. Il appelle la force et la conditionne pour le succès : ***C'est une essence qui peut éteindre le feu et brûler la cendre !***

Connais-tu un tel liquide inflammable ? ***Un tel tempérament existe cependant et c'est bien l'enthousiasme !*** Un homme passionné, enflammé, détient une identité mentale supérieure et très puissante. ***Il s'appelle réussite !*** Peut-il vraiment échouer ? Pas pour toujours si le sort de l'une de ses aventures arrive ainsi !

C'est l'enthousiasme qui fait voler les oiseux au ciel. Ils chantent et proclament leur essor au-dessus des autres créatures terrestres. Sans passion, une masse de ferraille ne serait pas en train de planer au-dessus dans les couches supérieures de l'atmosphère, à une altitude vraiment exceptionnelle. ***L'avion est un robot ''enthousiasmé'' !***

Sans passion, le grain de sénevé ne serait pas en train de pousser ; de quoi vivrait-il un employé de ferme et le fermier lui-même ? ***L'enthousiasme est plus fort que l'énergie nucléaire !*** Oui ! Puisque cette énergie en est le fruit ! Combien plus les rayons radioactifs ! La passion en est l'instigatrice ! Où serait le mérite des cosmonautes sans enthousiasme ? ***La vitesse de l'enthousiasme est deux fois plus que celle de la balle d'un revolver !*** Une telle célérité ne peut présager que la réussite.

Sans la passion, Nelson MENDELA ne serait pas nobélisable depuis la prison. Sans cette ferveur, il n'aurait pas reçu le prix Nobel, après des années de commotions[1], de souffrances, de batailles, de schismes politiques, de conspirations, d'arrestations, d'enquêtes, d'incarcérations, de procès, de condamnations, pourquoi pas d'acquittements et de batailles sans fin. Cela avait bien mis beaucoup d'années ! ***La passion est parfois plus lente que le paresseux, ce petit mammifère arboricole d'Amérique du Sud, mais plus sûre, car pleine de patience et de confiance en soi !*** Quelle richesse particulièrement biface, très lente et hyper rapide !

Sans enthousiasme des séismes sous-marins, conjointement avec l'orgueil des flots de la mer, les tsunamis seraient inexistants. Ces eaux à haute échelle ravagent alors tout sur leur passage, comme un lion lors du carnage. Quoi donc résisterait à l'enthousiasme ? Ils (tsunamis) renversent les murailles les plus élevées du monde, ébranlent les fondements les plus résistants ; c'est ainsi que ***la passion renverse ces raisonnements d'échec !*** Toute pensée négative fléchit devant l'ardeur…

Sans l'enthousiasme, que ferait bien l'apôtre Paul ? « *Je vous déclare, frères, que l'évangile qui a été annoncé par moi n'est pas de l'homme. Car je ne l'ai reçu ni appris d'un homme, mais par révélation de Jésus-Christ. Vous avez su, en effet, quelle était autrefois ma conduite dans le judaïsme, comment je persécutais à outrance et ravageait l'Eglise de Dieu, et comment j'étais plus avancé dans le judaïsme que beaucoup de ceux de mon âge et de ma nation, étant animé d'un zèle excessif pour les traditions de mes pères* » (Gal : 11-14).

Il appelle cela *zèle excessif* parce qu'il l'exerça à contre-courant de la Justice Eternelle, puisqu'il manifesta le même degré de zèle dans le ministère du salut.

---

[1]Traumatismes.

Ce n'est donc pas, si c'est pour réussir sa vie, de l'orgueil que de penser que l'on est supérieur à tout le monde, plus important que tout le monde, plus intelligent, plus brave et plus compétent que tout individu : ***C'est bien la passion !*** C'est une manière de vivre et de penser qui met l'individu au-dessus du train de ce monde, d'autant plus que ce monde n'est constitué, en majeure partie, que des pensées telles que : C'est impossible, jamais entendu, c'est incroyable, c'est terrible, c'est choquant…Ces pensées qui ne produisent en nous que de la crainte et du découragement. Il faut bien une autre, une certaine façon de vivre et de penser, *l'enthousiasme*, pour braver ces goulots d'étranglements.

« Mais, lorsqu'il plut à celui qui m'avait mis à part dès le sein de ma mère, et qui m'a appelé par sa grâce, de révéler en moi son fils, afin que j'annonçasse l'évangile parmi les païens, aussitôt, je ne consultai ni la chair ni le sang, et je ne montai point à Jérusalem vers ceux qui furent apôtres avant moi, mais je partis pour l'Arabie. Puis je revins encore à Damas » (Ga1 : 15-17).

Il ne s'agit pas de l'orgueil, mais de *l'enthousiasme !* Car ***la foi même, c'est de la passion !*** Puisque aimer Dieu, c'est cela la foi. Qui peut aimer ce qui n'existe pas ? ***La foi, c'est la passion !*** Paul avait la foi que Dieu allait le conduire ; il n'avait donc plus de besoin de perdre du temps. Il était prêt à affronter toute adversité, courage qu'il doit encore jusqu'aujourd'hui à la passion. Il dit qu'il n'a consulté ni la chair ni le sang.

2. L'enthousiasme : Une surpuissance ?

Dieu a donné à l'âme une puissance ; ***c'est l'esprit de l'homme.*** L'âme, c'est le monde des émotions de toutes natures, à cause du corps qui les communique par ses cinq sens : L'ouïe, le toucher, la vue, l'odorat et le goûter. ***Seule la puissance de l'Homme, son esprit, peut contenir ou vaincre ces émotions et dicter à l'âme celles qui doivent être retenues.***

« (…) Conformément à nos analyses, c'est donc l'esprit qui assure l'union entre le corps et l'âme. ***C'est l'esprit qui raccorde le corps et l'âme !*** C'est une véritable puissance ; c'est le domaine des pensées. Raison pour laquelle l'homme ne peut penser après la mort : *« Les vivants, en effet, savent qu'ils mourront ; mais les morts ne savent rien, il n'y a pour eux plus de salaire, puisque leur mémoire est oubliée »* (Ec9 : 5).

Ce qui fait vivre la mémoire, c'est l'esprit ; et l'esprit, ***c'est une mer de pensées.*** C'est une force irrécusable, à la manière de tout ce qui vient de Dieu. Qui peut l'attaquer ? Il vit dans le cœur de l'homme.

Le cœur est donc le centre de gravité de tout être humain, car c'est dans le cœur que se trouve l'esprit qui unit l'âme et le corps *: L'âme, l'esprit et le cœur sont tous dans le cœur* ! Même nombre de scientifiques pensent que l'on réfléchit dans la tête ; tout vient du cœur, où règne l'esprit qui est l'univers de la pensée. Asaph dit : « *Je pense à mes cantiques pendant la nuit, je fais des réflexions au-dedans de mon cœur, et mon esprit médite* » (Ps77 : 7).

Faut-il le rappeler, l'être humain est composé de noumènes (comme l'esprit et l'âme) et de phénomènes (toute l'ossature et la chair du corps par exemple). Cependant, le cœur a une nature double : Il est à la fois un noumène, c'est-à-dire ce qu'on ne peut appréhender par l'expérience sensible ; le cœur est aussi un phénomène, ce que l'on peut toucher et éprouver la sensibilité. *Le cœur a une partie de noumène et une autre de phénomène.* C'est dans la partie noumène que réside l'âme, l'esprit, qui raccorde l'âme et la partie phénomène du cœur, qui est attachée à son tour à tout le corps.

Quand Dieu donne un cœur nouveau à un homme, change-t-il souvent la mase de chair mêlée avec toutes espèces d'entrelacements de muscles…qui forment le cœur visible ? Non ! Cette masse y est toujours ; cependant, le côté noumène change complètement. *La partie noumène du cœur renferme en son sein, l'âme, l'esprit et le corps* (par le cœur phénomène) : Le cœur, c'est la vie ! C'est pour cela que Salomon, le sage, dit : « *Garde ton cœur plus que toute autre chose, car de lui viennent les sources de la vie* » (Pr4 : 23).

Le cœur est donc comme un parloir, un local spécifique. C'est la raison pour laquelle que j'ai dit que l'existence est une organisation naturelle[2]. Car l'âme, l'esprit et le corps, ces acteurs de la vie, de l'existence sont dans le cœur, un local : C'est donc une organisation. »[3]

Nos pensées et même toute notre vie viennent du cœur ; et dans nos pensées se trouve alors *l'enthousiasme !* La passion, étant dans la puissance –car l'esprit est une puissance-, est donc une *surpuissance.* Que pouvait bien faire Paul sans elle ?

« *J'allais ensuite dans les contrées de la Syrie et de la Cilicie…Quatorze ans après, je montai de nouveau à Jérusalem avec Barnabas, ayant aussi pris Tite avec moi…Mais lorsque Cephas vint à Antioche, je lui résistai en face, parce qu'il était répréhensible…* » (Ga2 : 1,11). *C'est ainsi que se manifeste la passion !* Elle ferme les portes aux déboires ; elle multiplie les succès et démultiplie la fatigue. Paul et la passion : c'est comme si l'on écrivait une lettre d'amour, comme disait quelqu'un, où

---

[2] Où la main de l'homme n'est pas intervenue.
[3] Nos notes non publiées sur *l'Homme naturel*.

l'on commence sans savoir ce que l'on va dire et finit sans savoir ce que l'on a dit. Qu'est-ce qui pouvait contraindre Paul à la tentative de bagarre, si ce n'était l'enthousiasme ?

« Quelques jours s'écoulèrent, après lesquels Paul dit à Barnabas : Retournons visiter les frères dans toutes les villes où nous avons annoncé la parole du Seigneur, pour voir dans quel état ils sont. Barnabas voulait emmener aussi Jean, surnommé Marc ; mais Paul jugea plus convenable de ne pas prendre avec eux celui qui les avait quittés depuis la Pamphylie, et qui ne les avait point accompagnés dans leur œuvre. Ce dissentiment fut assez vif pour être cause qu'ils se séparèrent l'un de l'autre. Et Barnabas, prenant Marc avec lui, s'embarqua pour l'île de Chypre. Paul fit choix de Silas, et partit, recommandé par les frères à la grâce du Seigneur. Il parcourut la Syrie et la Cilicie, fortifiant les Eglises » (Ac15 : 36-41).

L'enthousiasme fait l'incroyable ! Pour réussir, la passion peut tout préférer à l'échec.

Un élève ou un étudiant qui est passionné de ses études est un écolier à part. Il ne dirige pas seulement son attention sur ses camarades ; il va bien au-delà. Il met aussi sa curiosité sur ceux qui ont déjà réussi dans la vie, et c'est en fonction de cet élan qu'il fait ses études. Il échoue rarement. Même s'il n'est pas très brillant, il pense toujours qu'il est meilleur et il finit étonnamment par l'être. **L'enthousiasme est plus qu'un aide-mémoire !**

Un enthousiaste, quelles que soient les capacités intellectuelles de ses camarades, ne sort jamais dernier de la classe quand il a échoué. Il finit toujours par réussir. L'on ne lui demande pas d'apprendre. Il n'a pas besoin d'un précepteur pour prendre conscience. **Il agit seul !** La passion est une sorte d'hypnose. Elle est tellement particulière qu'elle peut vous éloigner du temps. Quand le temps paraît soit rapide soit lent, **l'enthousiasme ignore, néglige et s'éloigne du temps en créant un autre temps hors du temps**. Elle s'impose une allure qui lui est propre dans un monde qui s'affole. Elle se donne une boussole qui n'indique que la finalité poursuivie. **C'est un moyen d'orientation !** Faites toujours ce que vous aimez !

Même dans l'œuvre de Dieu, la timidité ou la morosité, le manque de passion, ne pardonne pas ! Joas, roi d'Israël, en sait quelque chose. *« Elisée lui dit : Prends un arc et des flèches. Et il prit un arc et des flèches. Puis Elisée dit au Roi d'Israël : Bande l'arc avec ta main. Et quand il l'eut bandé de sa main, Elisée mit ses mains sur les mains du roi, et dit : Ouvre la fenêtre à l'orient. Et il l'ouvrit. Elisée dit : Tire. Et il tira. Elisée dit : C'est une flèche de délivrance de la part de l'Eternel, une flèche de délivrance contre les syriens ; tu battras les syriens à Aphek jusqu'à leur extermination.*

Elisée dit encore : Prends les flèches. Et il les prit. Élisée dit au Roi d'Israël : Frappe contre terre. Et il frappa trois fois et s'arrêta. L'homme de Dieu s'irrita contre lui et dit : Il fallait frapper cinq ou six fois ; alors tu aurais battu les syriens jusqu'à leur extermination ; maintenant tu les battras trois fois » (2R13 : 15-19).

Il lui a manqué une surpuissance devant la puissance des assyriens ! Tout est spirituel !

Dans le premier volet, c'est une épreuve à un seul exercice. Ce que tout le monde peut faire, même un paresseux. Mais dans le deuxième cas, ce fut une expérience à plusieurs occurrences. Et là, il fallait bien faire une différence. Le roi n'a frappé que trois fois : Il lui a manqué l'enthousiasme. La particularité des individus enclins à l'enthousiasme est qu'ils sont émotionnels et font donc souvent plus que l'on leur demande. Ainsi, un passionné allait frapper, ce me semble, plus de dix fois. Qui peut l'arrêter en chemin ?

Qu'est-ce qui poussa Jésus à chasser les vendeurs du temple ? ***C'est l'enthousiasme !*** *« Ayant fait un fouet avec des cordes, il les chassa tous du temple, ainsi que les brebis et les bœufs, il dispersa la monnaie des changeurs et renversa les tables ; et il dit aux vendeurs de pigeons : Otez cela d'ici, ne faites pas de la maison de mon père une maison de trafic. Ses disciples se souvinrent qu'il est écrit : Le zèle de ta maison me dévore »* (Jn2 : 15-17).

L'enthousiasme survole les ouï-dire ! Elle fait une chose quand elle décide de la faire. Elle devient comme non-voyante devant les difficultés et, à la surprise générale, les traverse. Elle fait fi des enjeux de l'avenir et s'engage aujourd'hui. ***La passion est une flamme rare ; c'est un étendard de succès !***

Qu'est-ce qui pouvait bien amener Pierre à dire à son Dieu à cor et à cri : ''Tu es un menteur'' ! Seul l'enthousiasme peut exhausser l'audace à un tel degré. *« Pierre, prenant la parole, lui dit : Quand tu serais pour tous une occasion de chute, tu ne le seras pas pour moi. Jésus lui dit : Je te le dis en vérité, cette nuit-même, avant que le coq chante, tu me renieras trois fois. Pierre lui dit : Quand il me faudrait mourir avec toi, je ne te renierai pas. Et tous les disciples dirent la même chose »* (Mt26 : 33-35).

Un enthousiaste, toujours avec une bonne dose de confiance en soi, ne se laisse pas convaincre facilement. Il n'aime pas l'échec. Parfois, il n'admet pas ce fait. Pour lui, il doit toujours réussir. ***C'est aussi cela son précieux secret !*** Parmi les qualités d'un

Homme, je dirai que l'enthousiasme prévaut sur toutes. De nature passionnée, Pierre fut différent des autres apôtres. Il vécut plus d'expériences que ses frères. Il a résisté à son maître.

« Cependant, Pierre était assis dehors la cour. Une servante s'approcha de lui et dit : Toi aussi, tu étais avec Jésus le galiléen. Mais, il le nia devant tous, disant : Je ne sais ce que tu veux dire. Comme il se dirigeait vers la porte, une autre servante le vit et dit à ceux qui se trouvaient là : Celui-ci était aussi avec Jésus de Nazareth. Il le nia de nouveau avec serment : Je ne connais pas cet homme. Peu après, ceux qui étaient là, s'étant approchés, dirent à Pierre : Certainement tu es aussi de ces gens-là, car ton langage te fait reconnaitre. Alors il se mit à faire des imprécations et à jurer : Je ne connais pas cet homme. Aussitôt le coq chanta » (Mt26 : 69-74).

Qui d'autre, parmi les autres disciples, a vu ce que Pierre a contemplé de près ? Il fut bien, dans cette génération, la première personne à pleurer à cause de l'amour qu'il éprouvait envers Dieu par une foi sincère. Un enthousiaste, même quand il n'arrive pas au bout, atteint les strates que tout le monde ne peut atteindre et qu'il ne pouvait lui-même frôlé sans passion. ***La passion est un tremplin exceptionnel !***

3. Prodiges de la passion

Un passionné aime tout selon la loi du bons sens. Il aime alors les challenges et les nouvelles initiatives. ***Parce qu'il sait qu'il peut percer bien de mystères !***

a. A mon endroit

La passion est une richesse que j'ai héritée de ma mère. Pendant les campagnes agricoles, elle peut avoir trois à quatre champs. Deux champs sont déjà un acquis pour elle. Elle les défriche, les élague, les cultive et récolte bien en fin plus que tout le monde. Elle travaille ainsi elle-même ! Même comme elle ne finit jamais, surtout quand elle est déjà à quatre et parfois sous deux cieux, elle se fait toujours une belle place sous le soleil par rapport à toutes les autres femmes, même mariées. En la côtoyant, vous vous inquiétez certainement de l'impact de ces travaux durs sur elle ; alors qu'elle est plutôt gonflée de joie pour le travail de ses mains. Ses aires agricoles lui font plutôt élever les louanges à son Dieu. ***La passion emporte même dans d'autres mondes ! Elle nous fait explorer les trésors cachés.***

L'enthousiasme m'a déjà fait faire des choses ! En 2012/2013 –à partir du mois de novembre-, je fais licence professionnelle en Banque et Nouvelles Technologies. Comme les cours se déroulent de 17h à 21h, à l'université de Yaoundé-Sud Joseph NDI

SAMBA, et connaissant bien ''mon temps et mes temps''[4], je ne m'empressais pas de chercher l'emploi.

En journée, je n'avais donc rien à faire, si ce n'étaient les cours de bureautique dont je vous parlerai probablement. Je n'en étais pas astreint chaque jour ; j'étais bien libre. Il fallait donc faire quelque chose. Je choisis l'apprentissage des langues, désirant à tout le moins être un polyglotte : le français, l'anglais, l'allemand et l'espagnol. J'ai aussitôt bradé mes livres scientifiques pour me procurer des supports d'apprentissage : Livres, Plaquettes, CD et logiciels. J'en ai bien obtenu car j'ai engagé des fonds pour le faire.

Mon véritable challenge portait sur l'anglais, l'allemand et l'espagnol. Par mon enthousiasme, à moins d'une semaine, j'ai mémorisé les règles de conjugaison et de grammaire espagnoles. Au lycée, mes camarades qui en faisaient me disaient toujours que la conjugaison était très difficile en espagnol. C'était donc pour moi un challenge.

Mon entreprise n'a été que factice, puisque je ne mis pas plus de trois mois dans l'apprentissage. Mais au bout d'une certaine période, je lisais bien les livres de quatrièmes (allemand et espagnol) couramment. C'est ainsi que j'aidais bien une fille de l'église –qui faisait troisième ''espagnol''- dans les exercices. Je faisais autant à sa sœur qui faisait troisième ''allemand''. Je comprenais bien ce que je faisais. Je faisais autant en anglais, et j'en étais plus à l'aise.

Il sied de souligner que je passais des nuits blanches ! Je fis le cours d'anglais bancaire aux fins académiques en janvier/février 2013. J'étais fier de moi-même ! J'avais même le projet de rédiger mon rapport de stage en anglais. Alors que j'avais cessé de pratiquer cet apprentissage en Décembre 2012, je composai le premier semestre au moins de mars. Malgré ces temps de relâchement, j'eus la première note en 'Anglais bancaire', 16/20. ***Même quand on ne va pas jusqu'au bout, l'enthousiasme nous amène à faire plus***.

S'il faut apprendre ces langues aujourd'hui, je suis très différent de celui qui ne l'a jamais essayé. Je sais où trouver l'information, qui n'est rien d'autre qu'un pouvoir. La passion a gonflé ma bibliothèque ainsi que ma médiathèque. Je peux facilement dire au bibliothécaire ce que je veux, parce que je connais les documents dans des domaines variés. Je finirai par parler couramment ces quatre langues ! Je sais bien ce qu'il faut faire et comment l'entreprendre minutieusement. ***L'enthousiasme opère des miracles !***

---

[4] Moment idéal qu'il faut entreprendre telle ou telle action.

Retenez que la passion varie en fonction de l'intérêt et surtout du challenge. Je vous ai promis la suite du témoignage portant sur la programmation en informatique (nous en parlerons), ce d'autant plus que c'est ce qui me projeta hors du domaine des langues.

Mon ami m'avait alors donné un ruisseau de livres en informatique. Il me conseilla d'abord la programmation des sites statiques par le langage HTML[5] et le CSS[6]. Je m'entretenais dans l'espace de développement Dreameaver[7]. J'étais heureux de me voir commander la machine par des bouts de codes apparemment dérisoires. Ici, je ne dormais presque pas. Même quand je revenais des cours à 21h et après avoir travaillé toute la journée, je m'asseyais bien devant ma machine parfois jusqu'à 4h du matin pour redémarrer à 7h au plus tard. *L'enthousiasme est bien au-dessus de la magie !* Essayez et vous verrez !

Abhorrant la routine, j'ai abandonné ceci pour aller au concret, puisque les sites statiques n'ont presque plus d'importance. En plus, il fallait dissiper mes élucubrations au sujet de l'informatique, de la partie ''génie logiciel'' notamment. Pareillement, mon ami me dirigeait sur la création des bases de données sur Accès. Quand je me rendais chez lui, je rentrais tardivement dans la nuit. Une fois, en rentrant, j'ai bifurqué sur un sentier qui m'amena ailleurs ; je suis arrivé chez moi à minuit passé. *L'enthousiasme vise le but et ignore les risques !*

J'ai enfin décidé de m'engager dans d'autres langages. C'est le lange Java qui me fascinait et me fascine le plus. J'ai lu environ quatre livres portant sur ce domaine, sans compter les articles du 'Net'. Je vous ai cité certains hier (voir *audace*). Au départ, je ne comprenais rien. Mais, je savais déjà que mon apprentissage devrait procéder en deux étapes. Je ne fais pas informatique, alors, il fallait d'abord m'accoutumer avec l'environnement informatique et arriver à la culture d'un étudiant de deuxième année sur le volet 'programmation'. C'était là, pour moi, tout le mystère sans la (programmation) dissocier avec la conception et l'analyse. C'était vraiment dur ! Mais *la passion est même l'essence de la persistance !*

Parallèlement, la passion me faisait tirer un certain nombre de conclusions ailleurs ; c'est bien cela qui m'encourageait quand l'abattement voulait m'engloutir comme les flots de la mort ! En effet, j'avais demandé à un ami, David, d'installer un ludiciel, c'est-à-dire, un logiciel de jeu, dans ma machine. C'est un jeu de foot –le pro évolution 2006-, qui s'avère l'une des éditions les plus difficiles à jouer. Les difficultés du jeu sont étagées en plusieurs niveaux : débutant, amateur, normal, haut niveau et niveau

---

[5] Hyper Text Markup Language.
[6] Cascading Style Sheet.
[7] Editeur de développement de sites web.

professionnel. Il m'arrivait souvent de m'emporter à cause des difficultés rencontrées au cours du jeu.

Après avoir malmené mes adversaires dans les premiers niveaux, et ce après plusieurs expériences, je décidai d'aborder le ''niveau normal''. J'ai été complètement rossé à la première tentative et pas moins que pendant une bonne période. Je déclarai un jour : ''Je ne vais jamais gagner la coupe du monde ici !''. Mais je n'abandonnai pas. Puis, peu à peu, je m'habituais au rythme, à la célérité du jeu. Je commençai à me qualifier au huitième, quart et demi-finale. Un jour, j'arrivai en finale et je la remportai. Ressentant une immense joie, je marmonnai : **"Mais ! tout est possible, il faut seulement persévérer et répéter quand une chose ou un exercice parait difficile''**.

Par là, j'ai compris que nous pouvons faire beaucoup de choses si nous savons tenir. Or pour mieux persister et être sûr d'aller jusqu'au bout, il faut bien une certaine énergie qui réduira au silence tout germe de lassitude quand la répétition s'impose : *C'est bien l'enthousiasme !* Je commençai à ressentir la lourdeur du commerce de bois dont je vous ai parlé ailleurs quand j'en ai perdu la passion. *Sans passion, point de persistance à long terme !* L'on risquerait même se détruire.

Je me souvenais alors toujours de cette expérience, et je me fortifiais davantage dans mon entraînement. Après une bonne période, voici que j'étais déjà dans le bain. J'ai commencé à comprendre le langage général en informatique. Je pouvais désormais causer avec un informaticien sans trop de difficultés. Puis, désirant faire l'ingénierie financière, comme j'en avais le projet, j'exposai la situation à mon frère qui décida d'engager une fois de plus son ami à me tenir. Ce que j'ai fait ne peut pas être entièrement relaté.

Mais la première partie de la formation –la seule déjà faite jusqu'à ce jour parce qu'occupé par d'autres choses- fut sanctionnée par le développement d'une petite application devant gérer le personnel d'une petite structure. Je l'ai bien vérifiée hier, j'ai plus de soixante applications en bouts de codes sur papiers. J'étais peut-être ravi de joie quand je me voyais écrire ces codes ! *L'enthousiasme fait même l'infaisable !* Il faut seulement croire en ses prodiges !

En licence alors, nous avions un cours d'informatique appliquée. Je présentai mes projets à notre enseignant qui fut vraiment émerveillé qu'un banquier fût si passionné de l'informatique. Il me fit mieux comprendre l'analyse et les concepts tels que : Associations, entités, clés primaires, attributs, identifiants. Du modèle conceptuel de données au modèle relationnel jusqu'à la création des tables et l'implantation même des bases de données, je pouvais planer aisément. Il m'imprégna le langage SQL[8] qui me fascinait aussi énormément. Un jour, il me cracha : *« Beaucoup de mes étudiants en licence génie logiciel ne peuvent pas faire ce que tu fais. En plus, tu as choisi un langage très lourd, Java. Je te conseille le langage PHP[9], facile à prendre en main, mais difficile à maîtriser »*. Ces propos m'encouragèrent davantage. ***L'ardeur vaut mieux que l'or, car elle peut en créer !***

A cause d'un certain nombre de préoccupations, je relâchai un peu ; mais je glanai toutes les informations et documents indispensables au nouveau langage. L'un de mes amis aussi, un frère en Christ, Stéphane, qui faisait licence en génie logiciel m'encourageait régulièrement. Heureusement, il est spécialisé dans la programmation Web où le langage PHP, celui prescrit par l'enseignant à mon égard, constitue la base. Il m'assista beaucoup sur la création des bases de données dans SQL Server[10]. Il me donna un autre éditeur approprié, Notepad. Avec le langage Java, je développais sur les plates-formes Eclipse et Netbeans.

Au mois de Mai notamment –du 1er au 15-, on avait un jeûne dans la famille. Je le fis donc en ville à cause des cours. Je décidai d'étudier les Psaumes pendant ce jeûne et de développer une application vouée à la gestion d'une cité universitaire, prenant pour archétype l'université de Yaoundé Sud Joseph NDI SAMBA. Je devais le faire en PHP qui exige la connaissance immédiate du HTML et du CSS. Quand le HTML crée les formulaires, le CSS les embellie.

En quinze jours seulement, j'ai créé un site statique, l'application en question et un essai d'un site de vente en ligne. Ce qui me gêna, c'est la discussion instantanée. Plus tard, je créai d'autres allant dans le même sens. J'ai parcouru une dizaine d'ouvrages à cet effet. Ce sont les ouvrages de 'Mateo'[11] qui m'aidèrent le plus. Presque tous les webmasters le connaissent.

Dès lors, je pouvais parler comme un informaticien, écrire comme lui, raisonner comme ce dernier et faire comme un informaticien. Ce qui me freina encore : C'est bien la rédaction du rapport de stage et du projet tutoré.

Suis-je comme celui qui n'a pas embrassé ces choses ? Je suis certain que non ! Car, aujourd'hui, je peux me fixer une période d'environ trois mois pour relever mon niveau et créer une application vraiment pertinente, même dans plusieurs langages, notamment en Java et PHP, qui fait intervenir le HTML, le CSS… Je n'ai donc rien perdu en

---

[8]Structured Query Language.
[9] Personnal Home Page, devenu par la suite Hypertext Preprocessor.
[10]Système de Gestion de Base de Données, appelé couramment en jargon informatique SGBD.
[11]Propriétaire du site Zéro.

explorant cet autre domaine puisque j'ai bien obtenu mon diplôme avec succès sans avoir besoin d'aller au rattrapage. Je suis même major de ma promotion ! *L'enthousiasme vous fait gagner de nouvelles choses sans en perdre d'autres !*

Soyez enthousiaste ! Vous allez toujours donner le meilleur de vous-même. J'espère que vous n'avez pas oublié cette règle : ***Celui qui donne reçoit !*** Le Prophète Khalil GIBRAN nous dit : « *Vous donnez peu lorsque vous donnez de vos biens. C'est lorsque vous donnez de vous-même que vous donnez vraiment. Que sont vos biens sinon des choses que vous gardez jalousement dans la crainte d'en avoir besoin plus tard ? ...La peur de connaître le besoin n'est-elle pas le besoin lui-même ? ...*

Il y a ceux qui ont peu, mais qui donnent tout. Ceux-là croient en la vie et dans la générosité de la vie, c'est pourquoi leur coffre n'est jamais vide... C'est par les mains de ceux-là que Dieu parle et c'est par leurs yeux qu'Il répand sa Bienveillance sur Terre »[12].

Apprenez à donner de vous-même. Ne dites plus : Je ne peux pas ; je n'ai pas d'argent. Donnez vous-même à vous-même ! C'est-à-dire le meilleur de vous-mêmes. ***La passion donne elle-même à elle-même !*** La corbeille de l'ardeur n'est pas vide ; elle a au moins elle-même ; d'ailleurs, c'est ce qu'on a que Dieu multiplie: « ***L'Eternel lui dit : Qu'y a-t-il dans ta main ? Il répondit : Une verge*** » (Ex4 : 2).

Et toi, qu'as-tu ? Aie au moins l'enthousiasme ! « *...Nous n'avons ici que cinq pains et deux poissons* » (Mt14 : 17). Donne tout ce que tu peux donner, le meilleur de toi-même et la suite revient à ton Dieu qui est un Esprit Providentiel. ***Donne à tout le moins l'ardeur !***

Bernard, l'ami de mon grand frère, est un homme enthousiaste. L'on s'entend bien, puisque les pareils s'attirent ! Mais un jour, à cause de ma rage envers l'informatique, il me dit : ''*AMOUGOU, tu es banquier et non informaticien ; tu veux tout faire et tout comprendre !*''. Peut-être que ma passion était très supérieure à la norme. Je n'en sais vraiment rien. Mes camarades et mes amis m'ont déjà collé toutes sortes d'identités : l'homme qui veut tout faire ; l'homme qui a toujours à faire ; l'homme qui adore l'école ; l'homme qui s'enferme toujours ; l'homme qui est toujours devant l'ordinateur…Mon concierge, cameraman de SAMBA TV, avait dit un jour au bloc : « *Je crois que AMOUGOU sera seulement un expert banquier, parce que je n'ai jamais vu une autre personne faire l'école comme lui. Les femmes ne sont pas son affaire. C'est seulement l'école* ».

---

[12]Le titre est le même; tout simplement prophète…

Une autre camarade m'avait dit un jour : « AMOUGOU ! toujours l'école ! toujours l'école ! Quand vas-tu te reposer ? L'école va te tuer ». Ils m'ont déjà dit tant et plus de choses. Chers amis, ce n'est pas de ma faute ; *je souffre d'une heureuse maladie connue sous le nom d'enthousiasme. C'est une maladie qui m'est incurable. Pas besoin d'intenter une action curative. Je souhaite même vous contaminer !*

« L'obstacle le plus sérieux de la confiance en soi est la timidité. C'est une infirmité morale qu'il faut guérir à tout prix, lorsqu'on a le malheur d'en être affligé. Elle paralyse les meilleurs mouvements, étouffe dans l'œuf les initiatives intéressantes, casse l'aile des plus beaux élans. Il convient de lutter de toutes ses forces contre un tel état d'esprit. Recherchez, autant que possible, la société de ceux qui ignorent cette faiblesse. Ayez des amis sûrs d'eux-mêmes, imperturbables, qu'aucune présence n'intimide.

Peu à peu, à leur contact, par une sorte d'endosmose[13] maintes fois constatée que nous nommons aussi la contagion de l'exemple, leur caractère modifiera le votre, le transformera, en fera l'image. Vous gagnerez de leur assurance, vous hériterez de leur sang-froid, vous constaterez la puérilité de vos appréhensions, l'insignifiance de vos alarmes. Vous pourrez enfin attendre les gens de pied ferme, défendre votre place, exiger des égards, réclamer vos droits, être partout, ni plus ni moins que les autres, mais leur égal »[14].

Est-ce moi qui l'ai dit ? Vous diriez que je suis orgueilleux ! Le remède de la timidité ; c'est le dynamisme qui repose sur l'enthousiasme. Et comme « l'enseignement de l'exemple est le seul qui entraîne, parce que l'exemple est la vie, au lieu d'être la leçon »[15], entourez-vous des enthousiastes qui, seuls peuvent mieux vous conduire dans l'entrainement. *Seul un matelassier peut mieux vous apprendre à fabriquer des matelas !*

Les gens qui sont pleins d'enthousiasme ne manquent pas. Ils sont autour de vous et dans plusieurs livres ! « Le désir ardent, enthousiaste est, comme qui dirait, une accumulation de force avec instruction tacite à opérer…En conclusion, pour bien réussir dans la vie, ayant toujours présent à l'esprit et au cœur de cette devise : **JE SUIS ! JE PEUX ! JE VEUX !** »[16].

---

[13]Double courant qui s'établit entre deux liquides de densités différentes par une membrane.
[14]Sylvain Roudès, dans 'pour faire son chemin dans la vie'.
[15]Eugene MARBEAU.
[16]Teddy EDOUARD, sur le secret pour acquérir le pouvoir.

L'enthousiasme est une véritable source de pouvoir ? Qu'est-ce que le pouvoir, si ce n'est la force de faire…quels soient les obstacles ? C'est ainsi la passion !

« Il n'y a que 24 heures par jour et pas une heure de plus. **Toutes les autres ressources sont extensibles. Pas le temps.** Si vous avez besoin d'argent, vous pourrez toujours trouver quelqu'un pour vous en prêter. Si vous avez besoin d'informations, vous pourrez toujours vous en procurer via le Net, les bibliothèques, les chambres de commerce, les dirigeants, les experts…Si vous avez besoin d'un script php pour votre site, un post dans un forum réglera votre besoin. Etc…Mais si vous arriviez à manquer de Temps, <u>Qui</u> vous en donnera ? **Où trouveriez-vous quelqu'un pour vous en vendre ?** »[17].

L'enthousiasme vous en donnera !

b. Témoignages d'autres personnes

« Dan Kennedy est spécialiste américain du marketing pour les petites et moyennes entreprises et aussi un copywriter hors-pair…On lui demanda un jour, lors d'un dîner, comment arrivait-il à produire autant de choses ? Comment arrivait-il à obtenir autant de bons résultats ? Voilà ce fût sa réponse : 'Je me lève chaque jour à 5h00, et à 5h05, chaque matin, j'écris. Je fais cela tous les jours et pendant 45 minutes. Je me fiche de savoir si je me sens bien ou si je me sens malade, si j'ai veillé jusqu'à 3h du matin et je suis fatigué à mort. Je le fais tous les jours et c'est comme ça que ça marche…Dan Kennedy est multimillionnaire »[18].

Monsieur Nabil dit que nos deux plus grands ennemis sont dans notre PC : OUTLOOK et INTERNET EXPLORER – donc tout ce que le numérique apporte et qui peut gaspiller le temps. *Il faut savoir diriger son enthousiasme !* comme le faisait Monsieur Dan Kennedy. *Avec l'enthousiasme, vous pouvez embrasser mille affaires et sortir vainqueur !* Sur cette base, l'on peut donc poursuivre deux lièvres à la fois avec l'assurance que l'on ne rentrera pas bredouille. *Avec la passion, plus l'on travaille moins l'on se fatigue !*

« Tout le monde connaît le somnambulisme, tout le monde sait qu'un somnambule se lève la nuit, sans être éveillé, qu'il sort de sa chambre après s'être habillé ou non, qu'il descend des escaliers, traverse des corridors et que, après avoir exécuté certains actes ou accompli certain travail, il revient à sa chambre, se recouche, et montre le

---

[17]Nabil Chaouche, sur comment protéger votre plus précieuse ressource.
[18]Nabil.

lendemain le plus grand étonnement en trouvant terminé un travail qu'il avait laissé inachevé la veille.

Considérons maintenant, si vous le voulez bien, le cas trop fréquent, hélas ! d'un alcoolique atteint de delirium tremens. Comme pris d'un excès de démence, il s'empare d'une arme quelconque, couteau, marteau, hachette, et frappe, frappe furieusement ceux qui ont le malheur d'être dans son voisinage. Quand, l'accès terminé, l'homme recouvre ses sens, il contemple avec horreur la scène qui s'offre à sa vue, ignorant que c'est lui-même qui en est l'auteur ».

Emile Coué, est l'auteur de ce livre qui traite de la maîtrise de soi et met en exergue la différence qui existe entre l'être conscient et l'être inconscient. Selon ses analyses, les œuvres précédentes sont quelques unes des êtres inconscients. Mais, ces cas me permettent de mieux vous présenter l'attitude d'un enthousiaste. Dans ses affaires, son travail et ses actions, de manière positive et diligente, il n'est pas très différent des auteurs des cas précédents. Il est des cas où un enthousiaste se demande comment il a pu faire certaines choses, parfois en un clin d'œil. ***Avec l'enthousiasme, l'on se surpasse !***

Un enthousiaste se jette à la mer sans se préoccuper de la profondeur des eaux. Mais de façon surprenante, il revient à la surface avec une moisson somme toute intéressante.

Prêtez attention à ces témoignages. Ils vont vous transformer si et seulement si vous le désirez. « Ce n'est pas par hasard qu'une histoire peut valoir un million de dollars lorsqu'elle s'exprime sous la forme d'un scenario de film. Les histoires ont un pouvoir d'évocation magique. Elles continuent à nous habiter et maturent lentement en nous pour nous transformer peu à peu »[19].

Ces histoires vont éveiller les habitudes qui sommeillent en vous. Car chacun de nous renferme des dépôts naturels qui mériteraient d'être exploités.

« Comparés à ce que nous devrions être, disait le célèbre Professeur William James, de Harvard, nous ne sommes qu'à demi éveillés. Nous n'utilisons qu'une partie de nos ressources mentales ou physiques. L'homme vit bien en deçà de ses limites. Il possède des pouvoirs de toutes sortes dont il ne tire généralement aucun parti »[20].

Soyez passionnés de la passion ; la passion vous rendra passionnés de nombreux succès !

---

[19]Christian Godefroy, sur les histories inspiratrices.
[20]Dale Carnegie, sur comment se faire des amis.

Sais-tu que l'un des plus grands pouvoirs que supportent tes pensées est l'enthousiasme ? Développe ta passion ! Elle te permettra de faire face à toutes les situations. « Former un homme, disait John G. Hibben, ancien président de l'université de Princeton, c'est le mettre en état de faire face à toutes les situations »[21].

Fais-tu vraiment face à la fatalité, cette puissance négative infernale ? Aujourd'hui, tu appelles la pauvreté ''bien'' parce que tu es pauvre. Un pauvre ''enthousiaste'' sait toujours qu'il sortira de ce carcan de misère et c'est pourquoi il travaille pour inverser le rapport de force. Libère-toi de ton esprit de limite !

Pour être passionné, il faut oser, c'est-à-dire faire d'abord preuve d'audace qui te permet de t'engager, engagement dans lequel peut facilement naître la passion. Pour stimuler votre ardeur, *faites ce que vous aimez.* Mais, ce n'est pas tout, car vous pouvez ne pas aimer ce qui doit être fait, peut-être parce que cela paraîtrait difficile. *Aimez le challenge, le défi pour stimuler votre passion.* Si vous voulez me motiver à faire quelque chose, dites-moi tout simplement : ''Tu ne peux pas le faire !'' *Aimez le défi ; l'enthousiasme vous suivra calmement !* Connais-tu vraiment l'importance de l'enthousiasme ? Vis encore les expériences d'autres personnes !

« Mes succès commerciaux chez Armour furent essentiellement dus à mon enthousiasme, à mon ardeur au travail. J'étais déterminé à réussir, quel qu'en soit le coût, parce que je savais qu'en cas d'échec, je devrais retourner chez moi et l'admettre. Et surtout, je trouvais mon travail beaucoup plus intéressant que de traire les vaches et d'égrener les maïs. J'étais si enthousiaste que je travaillais probablement plus dur que les autres vendeurs »[22].

Dire que l'on fait plus que l'autre n'est aucunement synonyme de jactance. Les enthousiastes s'expriment toujours où ils se trouvent. Ils sont toujours identifiés, malgré les foules. *Aimez la passion ; la passion viendra !* C'est un trésor qui crée des trésors. *C'est une force qui peut vous faire passer à travers un mur, comme le chameau par le trou d'une aiguille !*

« J'ai le regret de dire que je n'ai pas hérité de mes ancêtres une intelligence supérieure, mais j'ai su mettre en valeur un enthousiasme supérieur reçu de ma mère. L'enthousiasme vrai, honnête, sincère, qui vient du cœur est des plus puissants facteurs de succès dans presque toute entreprise.

Charles Schwab —un homme au salaire d'un million de dollars par an- me confia que le secret de son succès était l'enthousiasme. Il déclara qu'un homme peut réussir

---

[21]Dale Carnegie, sur comment se faire des amis.
[22]Dale Carnegie, sur lesecret méconnu du succès.

pratiquement dans tous les domaines pour lesquels il éprouve un enthousiasme sans borne.

Au cours de l'émission de radio que j'ai animée tous les jours pendant plus de 15 ans, je questionnai un jour Frederik Williamson, qui était président de la compagnie des chemins de Fer de New York. Quand je lui demandai sa recette du succès, il déclara : 'Plus je vis, plus je suis certain que l'enthousiasme est le secret méconnu du succès. La différence d'aptitude, d'habileté et d'intelligence réelle entre ceux qui réussissent et ceux qui échouent n'est généralement ni grande, ni frappante. Mais si deux personnes ont la même intelligence, celui qui est enthousiaste verra la balance pencher en sa faveur. Une personne peu douée mais enthousiaste surpassera souvent une personne douée mais peu enthousiaste' »[23].

Soyez des hommes passionnés ! Ceux qui ont réussi dans la vie en savent quelque chose. ***L'enthousiasme résonne le grand bruit qui fait crouler les murailles de la timidité, de la routine, de la peur, de la paresse et de l'ignorance !*** Un enthousiaste se fixe un objectif- sans connaître parfois par quel moyen l'atteindre- mais il finit quand même par l'atteindre. Quand il échoue, il retire même de l'échec un très grand profit. Il a toujours un bond pour l'avant. Il ne régresse jamais ; puisqu'il ne connaît même pas la stagnation, car même son échec le fait progresser. ***La passion est vraiment une ressource rare et onéreuse ; mais, elle est en vous : développez-là !***

Dans son livre *la passion de l'Entraînement*, le Professeur William Lyon Phelps, un émérite universitaire de l'Université de Yale, déclare : « Pour moi, enseigner est plus qu'un art ou une occupation. C'est une passion. J'aime enseigner comme un peintre aime peindre, comme un chanteur aime chanter, comme un poète aime écrire. Avant de me lever le matin, je pense avec une ardente satisfaction à mon premier groupe d'élèves ».

Faites un travail que vous aimez, vous serez passionnés et la passion vous ferra du bien ! Mark Twain justifie sa réussite en disant : « Je suis né passionné ». L'enthousiasme est vraiment le secret du succès !

« Rien ne fera plus pour vous que l'enthousiasme ! L'enthousiasme n'est pas seulement créatrice de richesse mais surtout source de grande joie de vivre. Edison disait : 'Quand un homme peut à sa mort léguer l'enthousiasme à ses enfants, il leur laisse un héritage d'une valeur inestimable'. Emerson, considéré comme l'un des plus grands philosophes américains, comprenait la valeur de l'enthousiasme. Dans l'un de

---

[23]Le secret méconnu du succès.

ses essais, il écrit : « Tout grand moment dans l'Histoire est le triomphe de quelque enthousiasme' »[24].

Le naturaliste John James Audubon cracha un jour : « Les rats ont détruit mes desseins, pas mon enthousiasme ! ».

A son tour, le grand inventeur Charles Kettring dit : « Nous vivons à une époque où se présentent des occasions comme jamais. Ces occasions iront aux hommes et aux femmes qui ont de l'enthousiasme ! ».

Chers amis, l'enthousiasme est une clef de succès ! A la manière de Dale Carnegie, *« l'enthousiasme est plus que l'ardeur au travail. Il s'applique à toute la vie. Si vous l'avez, vous possédez un bien inestimable, chérissez-le »*[25].

Eveille-le aussi ; tu l'as ! Il suffit de t'entourer des gens qui le possèdent, d'avoir un peu d'audace, que ce soit avant ou pendant un travail, un domaine.

Qui précède l'autre, entre la passion et l'audace ? On n'en sait rien ; on dirait qu'elles vont ensemble ! Bien que ce ne soit pas notre vision initiale, nous avons décidé de terminer par l'audace.

---

[24]Dale Carnegie, sur le secret méconnu du succès.
[25]Le secret méconnu du succès.

II. L' AUDACE

Beaucoup échouent, mais non parce qu'ils ne réfléchissent pas ; ils échouent parce qu'ils réfléchissent d'ailleurs plus que tout le monde ! Cependant, dans leurs réflexions, puisqu'ils comprennent mieux ce qu'ils doivent faire, comment doivent-ils bâtir leur avenir, ils esquivent le plan de leur dessein, faute de courage, d'audace. Pourquoi ?

Parce que dans leurs spéculations, ils appréhendent tout le cadrage de leur mission, et donc même les obstacles, les menaces, oubliant carrément toutes les opportunités dévoilées et celles qui pourraient suivre. C'est ainsi qu'ils balaient du revers de la main leur avenir et ceux-ci débouchent toujours sur la fatalité en disant : ''Je suis né pour être…'' (Tout sauf le positif) !

Soyez audacieux, c'est un secret magistral pour entreprendre !

L'audace est un attribut de l'esprit très important tant dans la vie spirituelle que temporelle, voire physique.

1. L'audace divine

Comment serez-vous heureux de votre succès s'il n'a pas rencontré de l'opposition ; comment édifierez-vous ceux qui auront besoin de vous lorsqu'ils seront dans l'adversité tenace et face au découragement ; comment ton succès émouvra-t-il des peuples s'il a été très évident ; comment te serviras-tu de ton passé pour braver les parcours semés d'embuches qui te recalent si tu n'as jamais été un héros auparavant ou si tu refuses misérablement d'en devenir; qui consultera tes annales autobiographiques avec lyrisme ; qui vas-tu inspirer, si tu es si pauvre même en pensée ; de qui seras-tu maître, si ce n'est un 'mort' ; qui viendra chez toi pour s'enquérir de tes succès et les mécanismes qui les auraient accompagnés ou provoqués ?

Je peux te poser tant et plus de questions dont l'audace apporte seule la réponse ! La vie appartient aux seuls audacieux ! Si tous les audacieux ne réussissent pas, je te dirai malheureusement que pour réussir, il faut à tout le moins être un audacieux : Sinon, tu n'iras pas bien loin ! C'est parmi ces derniers que d'autres critères doivent intervenir et impacter les vies.

Si tu n'as pas de l'argent, sois au moins audacieux ; l'audace ne s'achète pas encore ! Elle se trouve encore chez tout être, parfois de manière latente, empoisonnée par les craintes vagues et l'ignorance. Si tu es pauvre dehors, sois au moins riche dedans, dans ton cœur !

Où est l'audace, ce vaillant serviteur ? Il se trouve bien-sûr en toi, il suffit seulement que tu l'identifies nettement parmi les autres caractères et que tu saisisses son importance avec certitude. Ce serviteur t'appelle souvent, mais tu le vilipendes toujours à cause de tes peurs bleues. Pourquoi crains-tu encore des événements heureux, si déjà la mort, le plus redoutable des événements malheureux, est à ta portée ?

a. Crainte

« Ce conseil donné, nous nous permettons un cours et pratique commentaire de ce sentiment qu'on appelle la crainte. Nous dirons qu'il n'est pas pour l'être humain de plus mauvais, parce qu'il n'est pas de plus contraire aux devoirs qui lui incombent généralement. La crainte, à vrai dire, paralyse l'initiative, amollit le caractère, endort l'énergie, dégage tout individu. Des milliers de gens voient leur carrière brisée par elle. Ils avaient tout pour réussir : l'intelligence, l'ambition, la santé ; mais une double force leur a manqué : le courage de vouloir et la force d'agir »[26].

Florence, à son tour, s'écrie : « Bien des gens se heurtent aux murs du découragement. Or, le courage et la ténacité font partie du système. C'est une constatation que l'on fait en lisant la biographie de tous ceux qui ont réussi dans la vie »[27].

Ainsi, ceux qui sont dépourvus de courage, qui sentent le danger partout et en tout, obstrue la porte de leur succès comme le plombier colmate une fuite d'eau.

En effet, l'échec s'ébauche dans la paresse, se précise dans la volonté, se scelle dans les pensées et enfin s'inscrit dans la crainte ! L'on craint d'être raillé, persécuté, critiqué, moqué et fustigé, alors que l'on est porteur d'une vision qui marquerait positivement les consciences. C'est ainsi que l'on va avec l'idéal de plusieurs dans la tombe, sans laisser le moindre héritage à sa famille, à sa nation, à son continent et à toute l'humanité.

Chacun devrait se sentir responsable du devenir de sa maison, de sa famille, de sa nation, de son contient et du monde entier : Car Tout le monde est au moins détenteur d'une idée, d'une approche, d'une méthode, d'une parole, d'une pensée, d'un caractère ou d'un optimisme qui peut réduire ou éliminer un élément négatif menaçant les vies.

---

[26]Martin, force pensée.
[27]Porte secrète menant à la réussite.

Parler de son projet devient un véritable danger, une véritable hypothèque, car tu ne seras que déconseillé pour la vision ; tu finiras par éluder ton précieux projet, puisque les paresseux et les craintifs vont élucubrer des théories qui t'effrayeront certainement. Or il est écrit : « *Ce que je crains, c'est ce qui m'arrive ; ce que je redoute, c'est ce qui m'atteint* » (Job3 : 25).

Si tu crains l'échec, tu ne t'engageras jamais sur un chemin qui mène au succès, et tu n'auras alors que l'échec dans ta vie !

Fuis les individus amorphes quand tu as un projet plein d'enjeux, mais réalisable et porteur. Car ils vont te conter des balivernes, des imaginations déréglées, qui vont malheureusement et finalement te décourager. Aussi Docteure Florence conseilla-elle : « Parlez le moins possible de vos affaires et seulement à ceux qui sont susceptibles de vous donner du courage et de l'inspiration. Le monde est plein de rabat-joies, prêts à s'écrier en toute occasion : 'C'est impossible ! Vous visez trop haut ! »[28].

« S'affranchir de la crainte est donc, pour celui qui veut réussir, une nécessité impérieuse. C'est par cette libération qu'il se préparera à tous les devoirs qui lui incombent, à toutes les responsabilités qui pèsent sur lui. Libre de déployer toutes ses ressources d'intelligence, d'énergie et de vigueur, il se trouvera en toutes circonstances à la chaleur de sa tâche. Il ne craindra pas d'agir, il ne s'effrayera pas d'avancer. Il se souviendra que la vie n'est, en sommes, qu'une lente ascension vers un but un peu vaque et que l'homme, qui demeure en chemin, ne remplit ni sa tâche ni son devoir »[29].

b. Courage

Dans son livre intitulé : ***Votre parole est une baguette magique***, Docteure Florence témoigne et salue le courage d'une dame qui, travaillant et rémunérée de manière insignifiante, décida sans fonds majeurs d'implanter son propre commerce. Tant bien que mal, elle réussit à ouvrir sa petite boutique. Le premier jour, elle fut totalement remplie et ne désemplie presque pas pendant toute la journée. Elle chercha des assistants, et son commerce prit son essor !

Pourquoi ne pas imiter le courage d'une telle dame ? Prends courage, aie l'audace, et surtout l'***audace divine*** ! Elle renverse tout ce qui n'est pas de Dieu sur son passage : « *Regarde, je t'établis aujourd'hui sur les nations et sur les royaumes, pour que tu*

---

[28]Porte secrète menant à la réussite.
[29]Martin.

arraches et que tu abattes, pour que tu ruines et que tu détruises, pour que tu bâtisses et que tu plantes » (Je1 : 10).

Abats les mauvaises pensées, le ressentiment, la jalousie, les inquiétudes et la peur de tout et de rien ! Plante la paix du cœur, l'assurance de ton avenir, la foi, le courage, le succès, la réussite, et toutes sortes de trésors éternels ! Courage à toi !

Jésus a dit : « *Je vous ai dit ces choses, afin que vous ayez la paix en moi. Vous aurez des tribulations dans le monde ;* **prenez courage**, *j'ai vaincu le monde* » (Jn16 : 33).

L'ange dit à Daniel : « *...ne crains rien...* » (Da10 : 11). « *Maintenant, je vous exhorte à prendre courage...* » (Ac27 : 22) : Alors, faire preuve d'audace est un art très fin !

« *Mais, ce n'est pas seulement contre le devoir que la crainte conspire, c'est aussi contre le bonheur. L'être humain dont l'esprit est sans cesse assailli d'inquiétudes, ne peut jouir de rien. Possède-t-il une chose ? Il craint de la perdre. En désire-t-il une autre ? Il désespère de l'obtenir. Sa vie n'est qu'un long cauchemar et ses nuits comme ses jours sont peuplés de fantômes. C'est de lui que l'on peut dire ce que le vieillard mourant disait de lui-même à son fils : 'J'ai vécu quatre-vingts ans, Jean, et je n'ai eu que des ennuis dont la plus part ne me sont jamais arrivés* »[30].

Beaucoup craignent même la prière. Ils connaissent d'avance les prières que Dieu ne peut pas exaucer quand bien même celles-ci sont selon la volonté de leur Père, tout simplement parce qu'ils sont incrédules. Sa foi varie en fonction des circonstances ! Quand il voit de l'argent en main, il parle de la foi d'un ton doctoral ; vienne à finir, seule une voix chevrotante et aigre vous fait comprendre que ce dernier ne connaît pas *la démonstration de la Foi*. Il ne parle pas avec assurance avant l'épreuve ; il n'a aucun projet en vue, parce que sa foi existentielle ne lui permet pas d'appeler les choses, les trésors à l'existence, quand ils se forment encore au loin comme un embryon : Il ne croit qu'au palpable, à ce qui existe déjà. Ce n'est pas cela la Foi ! Avoir la Foi, c'est croire en ce qui n'existe pas encore et manifester son existence avec assurance : Et la chose finira par exister !

Mon frère, ma sœur, les dons spirituels ne pèsent pas ! Demande au moins deux dons au Seigneur et tu vivras par eux. ***Tu es né pour vivre surnaturellement*** ! Comment vivras-tu alors ainsi si tu ne disposes pas de dons spirituels ; même un seul t'effraie ?

Pour plusieurs, le don des miracles est un 'monstre' à telle enseigne que même l'illusion est détruite quand on en pense : Il perd totalement la foi quand il en entend

---

[30]Martin.

parler. Mais bien après, il porte critique à ceux qui en ont, parce que le Seigneur fait des merveilles avec eux. Il les taxe de 'satanistes' et parfois de 'sectaires' : Comment un sectaire peut-il dépasser un enfant de Dieu en puissance ?

Si tu pouvais demander à Dieu autant de dons que tu désires ; ce n'est pas toi qui en assure l'administration ou la gestion : Cela est bien réservé au Saint-Esprit. Sois juste audacieux, et demande les dons spirituels ; quelle différence y aura-t-il entre toi et le non-croyant ? Puisque tu ne peux pieusement servir Dieu sans objectifs : C'est carrément impossible et je suis intransigeant là-dessus ! Ne sois plus amorphe ! ***Vis surnaturellement !***

« En affaire, par exemple, ce sont les qualités de l'esprit, les attributs du caractère, les tendances du tempérament qui déterminent le succès. C'est l'énergie, c'est le courage, c'est la confiance, c'est l'ambition, c'est l'obstination qui conduisent l'homme à travers une alternative de succès et de revers, au but final et lui permettent de résister aux circonstances et aux événements. C'est par toutes ces qualités, qui sont éparses en lui et que la volonté rapproche et coordonne, qu'il peut combattre et triompher. Un être qui en serait entièrement dépouillé ne serait plus qu'un jouet entre les mains du destin »[31].

Quelle débâcle pour les non-audacieux ? Sois courageux comme un jeune lion, comme Juda : *« Juda est un jeune lion. Tu reviendras du carnage, mon fils ! Il ploie les genoux, il se couche comme un lion, comme une lionne : qui le fera lever ? »* (Ge49 : 9).

Je serai l'homme le plus heureux de la Terre quand j'aurai l'audace du cheval : *« Il creuse le sol et se réjouit de sa force, il s'élance au-devant des armes ; il se rit de la crainte, il n'a pas peur, il ne recule pas en face de l'épée. Sur lui retentit le carquois, brillent la lance et le javelot. Bouillonnant d'ardeur, il dévore la terre, il ne peut se contenir au bruit de la trompette. Quand la trompette sonne, il dit : En avant ! Et de loin il flaire la bataille, la voix tonnante des chefs et des cris de guerre »* (Job39 : 24-28).

Après m'avoir donné cela, je pris encore Dieu qu'il m'accorde le souffle, la persévérance, la diligence de l'autruche : *« Quand elle se lève et prend sa course, elle se rit du cheval et de son cavalier »* (Job39 : 21).

Toute personne ayant essuyé de plein fouet les défaites ou les échecs dans la vie ne peut que vous conseiller de la manière suivant : « Il est surtout deux pensées que vous devez vous appliquer à combattre : la crainte et la haine. La crainte détruit l'énergie ; la haine 'déshumanise' l'homme. L'une épuise, l'autre le perd. Par la première, il

---

[31]Martin.

tombe, de degré en degré, dans l'abattement, le désespoir, l'impuissance. Par la deuxième, il se dépouille de son humanité ; il se rabaisse au niveau des bêtes ; il étouffe en lui tout germe moral ; il détruit de ses propres mains les dons du Ciel qui lui sont donnés »[32].

c. Audace et audace divine : Une différence ?

Soyez audacieux ! Beaucoup de personnes pensent que l'audace est une mauvaise chose. Cependant, je ne refuse pas que beaucoup d'audacieux sont acariâtres, voire bougons, par leurs caractères désagréables et hargneux, car dans l'audace, il y a bien une ***bonne dose d'orgueil***.

Ils aiment parfois blâmer à brûle-point ; ils sont arrogants. Ils ne voient qu'eux-mêmes ; qui d'autre peut les rivaliser ? Ils sont animés d'un mépris viscéral ; eux-mêmes ne peuvent en expliquer. C'est bien-sûr à cause de leurs pensées : Ils se sont vus et se sont cru au-dessus de tout le monde, aussi sont-ils devenus suffisants même quand ils n'ont rien. Tout cela est question de pensée.

Mais, l'on peut aussi voir une personne qui, jadis couarde ou lâche, devenir subitement trop courageuse pour dire audacieuse. Cela nous prête alors à confusion : Car l'on se demande finalement si tout le monde possède l'audace ou alors il se cultive. Je vous ai dit plus haut que j'étais un poltron tout fait, mais aujourd'hui, je suis bien audacieux : ***c'est donc la peur qui m'accablait qui cachait et retenait mon audace***. Depuis que j'ai changé ma façon de penser, je suis purement audacieux. ***Tout dépend alors de nos pensées, car chacun a bien une audace latente en lui.***

Chacun de nous est un audacieux potentiel ! Si tu le veux, tu peux développer ton audace. Il suffit que tu sois soumis à la maïeutique socratique pour le comprendre. C'est une méthode qui permet de faire découvrir à son interlocuteur, au moyen d'une série de questions, la connaissance qu'il a en lui sans le savoir.

J'ai précédemment dit que la plupart des audacieux sont acariâtres ; tandis que d'autres sont bien humbles. Tout est donc question de ***personnalité***. C'est pourquoi je prône ***l'audace divine***, celle qui nous permet de mépriser les obstacles, de ployer les difficultés, de vilipender toute pensée négative et penser que l'on peut tout faire puisque Dieu existe. C'est cette façon d'être, de faire et de penser que j'appelle ***audace divine*** : Une audace qui ne transgresse pas la Loi de Dieu, une audace qui méprise l'orgueil et trouve que tout le monde peut être humble ; car plusieurs disent aussi que tout le monde ne peut pas être humble : C'est donc une pensée négative que ***l'audace***

---

[32]Martin.

divine doit combattre. L'audace est une ***Certaine Facon*** de vivre qui nous garantit le bonheur et l'assurance que l'on peut aussi devenir ce que sont devenus les autres – et peut-être mieux encore.

Je ne prône donc pas l'audace suivante : « *Quand ce que dira le prophète n'aura pas lieu et n'arrivera pas, ce sera une parole que l'Eternel n'aura point dite. C'est par* **audace** *que le prophète l'aura dite : n'aie pas peur de lui. Qu'elles deviennent muettes, les lèvres menteuses qui parlent avec* **audace** *contre le juste, avec arrogance et dédain !* » (De18 : 22 ; Ps31 : 19).

Poète de l'Eternel ne préconise pas une telle audace, qui est d'ailleurs mondaine : Léon Claude AMOUGOU AMOUGOU n'est ni menteur, ni arrogant, ni mondain. Comment vantera-t-il alors le monde ? Mais, vous pouvez remarquer quelque chose dans cette audace, c'est bien le courage, l'absence totale de la peur, le mépris des autres : C'est comme cela que se comporte par exemple un menteur.

Ananias et son épouse étaient de supers audacieux. « *Mais un homme nommé Ananias, avec Saphira sa femme, vendit une propriété, et retint une partie, sa femme le sachant ; puis il apporta le reste, et le déposa aux pieds des apôtres. Pierre lui dit : Ananias, pourquoi Satan a-t-il rempli ton cœur, au point que tu mentes au Saint-Esprit, et que tu aies retenu une partie du prix du champ ? S'il n'eût pas été vendu, ne te restait-il pas ? Et, après, qu'il ait été vendu, le prix n'était-il pas à ta disposition ? Comment as-tu pu mettre en ton cœur un pareil dessein ? Ce n'est pas à des hommes que tu as menti, mais à Dieu* » (Ac5 : 1-4).

Je vous ai déjà dit que tout chrétien, parce qu'il est encore pauvre, qui appelle la pauvreté ''bien'', c'est-à-dire l'apprécie et manifeste la jalousie envers ceux qui possèdent de la richesse, a besoin d'être délivré de son esprit corrompu par des enseignements appropriés. Puisque concevoir l'avancement de l'œuvre de Dieu sans argent, c'est aussi être trop audacieux comme Ananias !

Ce monsieur a menti à Dieu ! Tout menteur est ***trop audacieux*** ; et quand vous êtes ainsi, ce n'est que la mort, sinon l'échec qui s'en suivra : « *Aananias, entendant ces paroles, tomba et expira. Une grande crainte saisit tous les auditeurs…Environ trois heures plus tard, sa femme entra, sans savoir ce qui était arrivé…Au même instant, elle tomba aux pieds de l'apôtre, et expira…* » (Ac5 : 5-10).

C'est ainsi que se dissolvent les projets des gens trop audacieux ! Par contre, un ***audacieux divin***, qui est mon archétype, pense que Dieu peut encore agir comme Il le faisait au temps des apôtres. Ainsi, les menteurs peuvent encore être exposés de la même manière.

Percevez-vous la différence ? Je crois que oui ! Avec l'audace divine, tu n'abandonnes pas nécessairement ton orgueil, l'orgueil de tout genre humain. Tu le convertis plutôt contre les situations, les difficultés, les blocages, les dominations, la pauvreté, les maladies, les inimités, les infirmités de toutes sortes et de toute puissance négative, que de l'exercer envers les humains. Au lieu de t'élever au-dessus du genre humain, tu portes ta pensée au-delà de tout scepticisme envers la puissance de Dieu. C'est pourquoi, « *ne redoute ni une terreur soudaine, ni une attaque de la part des méchants ; car l'Eternel sera ton assurance, et il préservera ton pied de toute embûche* » (Pr3 : 25).

Un audacieux divin dirige son orgueil contre le péché ; il ne s'aigrit pas quand on parle de la sanctification. Car il croit et pense que tout le monde peut être sauvé ; pourtant les gens de ce monde, les simples audacieux et orgueilleux disent bien que cela est impossible. L'audacieux divin dit sans cesse : ***Tout est possible !***

Un audacieux divin possède l'orgueil et est paradoxalement d'une bonhommie excessive. C'est un être ondoyant, complexe, opaque et parfois versatile. Supposons qu'il soit pauvre, un chrétien 'pauvre'. On lui dit : La pauvreté est bonne, car elle te permet d'aller au ciel puisqu'il est dit : « *Je vous le dis encore, il est plus facile à un chameau de passer par le trou d'une aiguille qu'à un riche d'entrer dans le royaume de Dieu* » (Mt19 : 24).

Quand tout le monde s'attend à ce qu'il consente, parce qu'il est 'pauvre', il les surprend en disant : La pauvreté est un grave handicap, elle ne saurait être bonne, c'est la malédiction de mes ascendants ; mais, comme je suis déjà en Christ, je suis déjà riche ; j'attends juste que ma richesse se matérialise et se manifeste. Moi, étant riche, j'irai bien au ciel car il est dit au sujet des riches : « *...Aux hommes cela est impossible, mais à Dieu tout est possible* » (Mt19 : 26).

Si vous, vous n'avez pas confiance en Dieu, éloignez-vous de moi et demeurez dans votre malédiction, la pauvreté.

Quelle surprise ! Parce qu'il n'a pas d'argent, l'on se disait qu'il allait vanter la pauvreté !

Supposons que ce soit une audacieuse divine. On lui dit encore : Comme l'argent est bien et fait le bonheur, vient donc te prostituer chez Monsieur X, il a beaucoup d'argent, il t'en donnera à satiété et tu ne seras plus pauvre. Il pourra même t'épouser. Elle les impressionnera en répondant : Je ne peux pas abandonner mon Dieu à cause de l'argent qui n'est qu'un pauvre trésor passager. Je crois que Dieu me bénira plus que cet homme dont vous me parlez et trouvera un mariage qui me convient. Rien ne peut valoir mon salut, mon salut avant tout ! Si vous ne croyez pas que Dieu peut rendre riche, qu'il donne une richesse infinie et inépuisable, vous êtes les plus malheureux de ce monde. Retirez-vous de moi !

« Elle est quel genre de fille », se demanderaient-ils ? On ne la comprend pas ! Elle veut quoi au juste ? Vraiment, les *audacieux divins* sont ondoyants, l'on ne sait ce qu'ils veulent et ce qu'ils sont, qui les fera tomber ?

C'est cette audace-là que j'enseigne ! et ce, dans tous les domaines licites de la vie.

Un audacieux divin sait qu'il est dit : **« *Jésus-Christ est le même hier, aujourd'hui et éternellement* »** (He13 : 8). Et comme il est encore dit : « *Croyez-moi, je suis dans le père, et le père est en moi...* » (Jn14 : 11). Alors, on peut encore dire : Dieu est le même hier, aujourd'hui et éternellement. Ceci signifie que Dieu se manifeste de la même manière et que ce sont ses serviteurs qui manquent de sérénité.

Malgré tout ceci, l'audacieux divin ne cesse de ''radoter'' : « *Je dis : Ce qui fait ma souffrance, c'est que la droite du Très-Haut n'est plus la même...* » (Ps77 : 11) ; parce qu'il pense que Dieu peut changer la morosité de ses serviteurs pour les rendre dynamiques. Il dit sans cesse à Dieu : Opère encore tes miracles, sauve encore les vies et « *je parlerai de toutes tes œuvres, je raconterai tes hauts faits* » (Ps77 : 13).

Un audacieux divin ne cesse d'éreinter les esprits corrompus qui veulent emporter le peuple de Dieu. C'est un intercesseur de première catégorie. Il est agressif envers Dieu comme Jacob qui lutta avec Lui : « *Il dit : Laisse-moi aller, car l'aurore se lève. Et Jacob répondit : Je ne te laisserai point aller que tu ne m'aies béni* » (Ge32 : 26).

Un audacieux divin peut donc dire à Dieu : ''Pourquoi abandonnes-tu tes serviteurs dans le péché ; tu laisses le diable posséder toutes les nations ; tu n'écoutes pas les prières de tes serviteurs ; tu ne les bénis pas ; tu les abandonnes totalement ?'' Il sait très bien que Dieu n'en est pas coupable et la cause, mais il le fait et le dit pour implorer son secours malgré tout, même si Ses serviteurs ont failli et se sont déviés des voies de bénédictions. Entre Dieu et lui, ce n'est plus la crainte qui fonde la relation, mais plutôt l'amour ; car il ne sert plus Dieu parce qu'il craint d'être jeté dans le lac de feu à la fin de tout, mais il s'engage parce qu'il aime Dieu qui aime l'humanité. *Il aime alors l'amour*, puisque Dieu est amour.

Pour un audacieux divin, la sanctification est si moelleuse qu'il faut à tout le moins la préserver. S'il est orgueilleux, il dit à Dieu, son ami et son Puissant Soutien : ''Pourquoi m'abandonnes-tu dans l'orgueil alors qu'il n'est que ruine et chute ? Cher ami, mon Amour, délivre-moi de l'orgueil, cette carcasse maudite ! Depuis longtemps, je te demande de me donner la force de dominer l'impureté. Je commence, mais bien après, tu m'abandonnes encore ; Seigneur, tout est possible en toi et par toi, délivre-moi de cette souillure ! Seigneur, tu dis dans ta parole que nous devons aimer nos ennemis, pour moi, c'est la croix et la bannière, donne-moi Toi-même, car tu es amour !''.

Un audacieux divin sait que tout est possible et donc la sanctification. ***Demandez l'audace divine !***

d. Jusqu'où l'audace divine peut t'amener ?

Si Jésus manquait de courage et donc d'audace divine, il ne mourrait pas sur la croix. *« Pierre, l'ayant pris à part, se mit à le reprendre, et dit : A Dieu ne plaise, Seigneur ! Cela ne t'arrive pas. Mais Jésus, se retournant dit à Pierre : Arrière de moi, Satan ! tu m'es en scandale ; car tes pensées ne sont pas les pensées de Dieu, mais celles des hommes »* (Mt16 : 22).

Un audacieux divin, comme tout audacieux d'ailleurs, n'aime pas les pensées dubitatives et de négation. Il écarte dans son esprit tout ce qui peut le décourager. Méditez encore sur ce texte : *« Mais afin que le monde sache que j'aime le père, et que j'agis selon l'ordre que le père m'a donné, levez-vous, partons d'ici »* (Jn14 : 31). Il partait déjà accomplir Sa mission. Il lui a fallu beaucoup d'audace. Il ne saurait donc manquer de dire à Ses disciples : *« ...mais prenez **courage**, j'ai vaincu le monde »* (Jn16 : 33).

Que peux-tu bien faire sans courage ?

Si Pierre n'était pas audacieux, il n'aurait jamais marché sur les eaux : *« Pierre lui répondit : Seigneur, si c'est toi, ordonne que j'aille vers toi sur les eaux. Et il dit : Viens ! Pierre sortit de la barque, et marcha sur les eaux, pour aller vers Jésus »* (Mt14 : 28, 29). C'est le croyant qui doit toujours faire le premier pas !

Cependant, comment t'avanceras-tu si tu n'as pas d'audace ? ***Pour faire le premier pas, il faut l'audace*** ! Je suis certain que les collègues de Pierre étaient comme raides morts à sa place, et que ce sont leurs murmures médisants qui ont amené Pierre à vaciller. Pierre était un audacieux, il a eu l'audace de demander à Jésus de ne pas aller accomplir sa mission : ''Que cela ne t'arrive !'' pour reprendre ses propos, que Christ a qualifié de troublants.

Seul un audacieux peut mieux diriger ; il était donc loisible qu'il soit maître pour ainsi dire après son Maître : *« Il lui dit pour la troisième fois : Simon, Fils de Jonas, m'aimes-tu ? Pierre fut attristé de ce qu'il avait dit pour la troisième fois : M'aimes-tu ? Et il lui répondit : Seigneur, tu sais toutes choses, tu sais que je t'aime. Jésus lui dit : Pais mes brebis »* (Jn21 : 17).

Voyez-vous cela ? Il s'est indigné de l'insistance de son Maître. C'était un véritable audacieux. C'est pour cela qu'un audacieux divin peut dire à Dieu : ''Pourquoi ne me traites-tu pas selon mon amour envers Toi ? Tu connais mon cœur, rends-moi selon mon amour envers Toi !''.

Remarquez ici que je parle de l'amour et non des œuvres. S'agissant des œuvres, l'audacieux divin se tait, il sait d'ailleurs qu'il mène une vie de sanctification par la grâce de Dieu, qui s'active par sa volonté. La seule chose que Dieu nous demande donc à propos, c'est notre seule volonté !

Voulez-vous encore l'une des situations dans laquelle l'audace de Pierre prévalut ?

On peut lire : *« Le premier jour de la semaine, Marie de Magdala se rendit au sépulcre dès le matin, comme il faisait encore obscur ; et elle vit que la Pierre était ôtée du sépulcre. Elle courut vers Simon Pierre et vers l'autre disciple que Jésus aimait, et leur dit : Ils ont enlevé du sépulcre le Seigneur, et nous ne savons où ils l'ont mis. Pierre et l'autre disciple sortirent, et allèrent au sépulcre. Ils couraient tous deux ensemble. Mais l'autre disciple courut plus vite que Pierre, et arriva le premier au sépulcre ; s'étant baissé, il vit les bandes qui étaient à terre, cependant il n'entra pas. Simon Pierre, qui le suivait, arriva et entra dans le sépulcre ; il vit les bandes qui étaient à terre, et le linge qu'on avait mis sur la tête de Jésus, non pas avec les bandes, mais plié dans un lieu à part. Alors l'autre disciple, qui était arrivé le premier entra aussi ; et il vit, et il crut »* (Jn20 : 1-8).

Revenons à Pierre, un superbe audacieux divin ! Dernier au départ, il fut le premier à constater les faits. Qu'est-ce qui fit la différence entre les deux ? C'est bien le courage ! Sans l'audace de Pierre, ce dernier n'aurait jamais su à cet instant-là que Jésus était effectivement ressuscité. C'est la présence de Pierre qui l'emmena dans la grotte. Quand il devança Pierre, j'imagine ce que Pierre pouvait marmonner dans son cœur : « Va, je sais que moi je serai le premier à arriver sur les lieux. Car comment entreras-tu alors que tu n'as pas le courage ? Moi je suis audacieux, le Seigneur lui-même le sait . On le verra encore bien maintenant » ; et il eut raison ! ***L'audace divine est même le sentier de la révélation !***

Qu'est-ce qui donna jour à la tour de Babel si ce n'était l'audace (Ge11) ? ***Un audacieux est un potentiel novateur !*** Je vous rappelle que c'est sur le chemin de l'audace que Saul devient Paul (Ac9). Que tant et plus de personnes doivent leurs succès à l'audace ! L'audace est si importante qu'elle permet de prendre une décision ferme là où d'autres n'en perçoivent pas la possibilité. Elle vous permet de vous engager, quitte à l'enthousiasme d'assurer la mise en œuvre de la décision.

Je vous ai déjà dis à plusieurs reprises que j'ai grandi en brousse, que je suis en fait un broussard et un villageois émancipé. Qui sait ?

Pour moi, l'ordinateur était totalement une arlésienne. Après le 'BAC' pour l'université, je m'inscris, comme vous le savez très bien en ''Sciences Mathématiques et Physiques''. On avait donc un cours qui portait sur l'informatique : Les ressources matérielles, l'algorithmique[33]…Mais, comme je n'avais pas manipulé l'ordinateur auparavant et que je croyais que l'informatique, c'est tout simplement l'ordinateur, je me suis créé une barrière mentale en disant : Je n'en peux rien ; je n'en pourrai jamais valider, car je n'ai jamais utilisé l'ordinateur. Ce cours fut donc pour moi une bête noire, étant donné qu'elle avait bien obéit à ma loi : Je n'en peux rien. Bref, je n'ai rien compris ; je n'ai donc pas validé l'unité d'enseignement.

Après avoir repris avec les études à NDI SAMBA, je mis beaucoup d'accent sur la formation en informatique, et les miens dépensèrent environ soixante dix mille francs CFA (2010/2011). Dès lors, je fus capable d'affronter l'informatique, mais seulement la théorie. En 2012, pendant que je faisais Licence Professionnelle, je décidai de me certifier complètement en bureautique. Cette dernière s'élève à cent mille francs CFA, chez un certain Bernard, l'ami de mon frère.

Monsieur Bernard est un génie en informatique. C'est un jeune homme ambitieux. Moi aussi, je suis quelqu'un qui envisage et recherche une réussite marquante dans la vie. Plein de projets dans le cœur, l'un d'eux était de devenir un ingénieur financier, formation que je comptais bien aller faire en France. Je voulais et j'allais d'ailleurs venir travailler à la BEAC[34]. J'ai bien la foi et je suis un audacieux divin. A défaut, je voulais faire l'actuariat. Un ingénieur financier n'est pas très différent d'un actuaire. Pour être l'un d'eux, il faut avoir de solides connaissances en mathématique – probabilités surtout- et en informatique –développement de logiciels sophistiqués. En mathématiques, je n'avais aucun problème, car j'en peux bien relever mon niveau seul. Mais, en informatique, je ne connaissais que l'outil informatique et la théorie de tous les jours : L'informatique est…

Arrivé chez ce jeune, je trouve que c'était un développeur engagé. Cependant, le contrat ne portait que sur la bureautique. Il me montrait régulièrement les logiciels déjà

---

[33]

[34]Banque des Etats de l'Afrique Centrale.

à son actif. J'étais si émerveillé de voir la machine obéir aux ordres que l'on lui donne. J'ai regardé ces choses avec émerveillement. J'ai aussi réalisé que cela demande beaucoup de lecture et de connaissances de base.

Sachant que je faisais banque, il ne voulait pas m'embrouiller en me donnant quelques cours. En plus, il programme en langage Java, les informaticiens seuls savent ce qu'il en est ! En dialoguant, sympathique qu'il soit, il me fit comprendre qu'il a un BAC 'D'. Je me suis demandé dans mon cœur, par un monologue : Pourquoi avec le BAC 'C', je n'arrive pas à faire ces choses ? J'ai vraiment agi comme Mark Fisher, un ancien chauffeur de taxi à NEW YORK devenu fortuné grâce à l'audace : « *Dans mon rétroviseur, discrètement, j'observais mes passagers fortunés… Et je me posais des questions essentielles…Des questions dont la réponse allait m'ouvrir de nouveaux – et plus vaste- horions !*

Quel est à votre avis la première question que je me posais ? ET qui d'ailleurs me revenait constamment à l'esprit, comme une obsession… Eh bien cette question était la suivante : <u>Qu'est-ce que ces gens ont que je n'ai pas ?</u> Et vous ? Vous êtes-vous déjà posés cette question ? Qu'est-ce que les gens à succès ont que vous n'avez pas ? Pourquoi sont-ils différents de vous ? »[35].

Je me suis alors posé cette question, et soudain, mes pensées changèrent et l'audace me permit de m'engager. J'étais tourmenté comme un jeune atteint de sénilité précoce. Il fallait à tout prix faire quelque chose. Ce Monsieur n'a été au courant de mes exploits que plus tard.

Quittant de chez lui vers 11h, j'ai essayé de joindre avec succès un ami, David, qui avait fait Télécommunication et Réseaux à SUPDECO[36]. Je me suis rendu chez lui et il m'a versé un fleuve de livres d'informatique et m'a aussi averti que c'est un domaine très large et complexe. Mais, mon audace déviait toujours ces réalités hors de mon esprit. Ce que j'ai fait vous sera bien conté sur 'l'enthousiasme' (voir supra).

Un peu d'audace soutenue d'une dose importante d'enthousiasme déracine tout baobab !

Mais, je peux quand même vous dire que l'audace m'a permis de lire des milliers de pages peintes en langages informatiques. Je suivais parallèlement les cours pour le compte de la Licence, en soirée, comme c'est la donne dans mon établissement. Le premier livre en programmation Java que je lus comportait cette mention :

---

[35]Sur osez la difference.
[36]Intiutut de Formation Professionnelle.

« Voici la deuxième édition de ce manuel d'introduction à la programmation orientée Objet. A la demande de lecteurs, vous y découvrirez de nouveaux exercices et de nombreux exemples d'application dans trois langages : Java, C++, Visual Basic. L'objectif de cet ouvrage est d'apprendre à programmer dans des langages informatiques de haut niveau. Ne vous attendez donc pas à des programmes compliqués ou à des méthodes miracles pour créer en quelques clics une application parfaite. L'apprentissage de la programmation demande tout d'abord de maîtriser un certain nombre de concepts de base assez simples. Vous en étudierez ensuite d'autres un peu plus compliqués. En abordant ce livre sans connaissances particulières, vous saurez concevoir, à la fin de sa lecture, des programmes assez complexes dans plusieurs langages : Vous développerez, par exemple, un logiciel de jeu de Puissance 4 que vous aurez plus de mal à battre qu'à programmer »[37].

Seule l'audace pouvait me permettre d'affronter le contenu ce livre polarisé sur les Algorithmes et la Conception Objet. Un autre de 715 pages est plus monstrueux. Dans son avant-propos, l'on peut lire :

« Cet ouvrage est destiné à tous ceux qui souhaitent maîtriser la programmation en Java. Il s'adresse à la fois aux étudiants, aux développeurs et aux enseignants en informatique. Il suppose que le lecteur possède déjà une expérience en programmation dans un autre langage (C, C++, Visual Basic, PHP…). En revanche, la connaissance de la programmation orientée objet, n'est nullement nécessaire, pas plus que celle de la programmation d'interfaces graphiques et/ou d'application web »[38]

J'ai passé des nuits blanches parce que je voulais que le mystère de l'informatique s'élucide dans mon esprit. Aujourd'hui, je sais que tout le monde peut tout faire ! Il faut seulement la volonté, puis l'audace va agir et l'enthousiasme, conjugué à la persévérance, va tout soutenir !

Un jour, j'appris par le canal d'un frère, le frère Alain, que John Wesley jeûnait deux fois par semaine durant toute sa vie. Il me le dit en 2012 pendant les grandes vacances. Cela me fascina tellement. Je trouvai que moi je ne fais absolument rien par mes périodes de jeune trop brèves et intermittentes. Le temps passa un peu, puis je me remis. Alors, en lisant la Bible, mon attention s'arrêta sur ce texte –parabole du pharisien et du publicain : **« *...je jeûne deux fois la semaine...* »** (Lc18 : 9-14).

Après donc avoir lu ce texte, je pensai encore à Wesley ; puis je demandai à ce frère en Christ de me donner le livre dans lequel il avait lu cela, car je disais : C'est sûrement

---

[37]Christoph Dabancourt, sur apprendre à programmer, 321 pages.
[38]Apprendre à programmer en Java, 3e édition, éditions Eyrolles..

cette parabole qui inspira John. Il me le remit –je le détiens encore aujourd'hui- ; je lus ceci : « *John Wesley attacha une grande importance à cet exercice spirituel, jeûnant deux fois par semaine tout au long de sa vie. Il disait que cesser de jeûner toutes les semaines comme il en avait coutume serait pareil que blasphémer* »[39].

Ceci m'intrigua encore plus, et mon audace me poussa, non seulement à imiter John Wesley, mais à vouloir faire plus que lui. Je dis subitement : « Je vais maintenant jeûner trois fois minimum par semaine jusqu'à la fin de mes jours ». Quelle image ! Pas plus tard que le lendemain, je commençai l'exploit. Je fus stopper environ trois mois plus tard par la ''raison du temps''. Le temps m'a dit que ce n'était pas encore le moment, puisque j'allais même à quatre ou cinq jours par semaine : un peu de **Patience** !

Mais je fis quand même ce qu'un non-audacieux ne peut faire ; je sais déjà comment et quand cela pourra mieux être entrepris. *Un audacieux n'aime pas quand on fait toujours mieux que lui ! C'est pour cela que les audacieux divins progressent toujours*. Devenez-en !

Un audacieux divin ne peut pas agir comme le pharisien qui est simplement un ignorant. *L'audacieux divin s'instruit et ferme donc sa bouche parce qu'il a la connaissance divine.* Un audacieux n'a pas besoin de connaître les péchés du publicain. *Il travaille nuit et jour pour le salut des publicains.* L'audace est une bonne chose. Développez-là, car vous l'avez ! Il suffit de décider aujourd'hui même, si elle n'est pas développée en vous, de faire soit une chose nouvelle soit ce qui vous a souvent –longtemps- dépassé. *L'audace est la source et le moteur du progrès.*

2. L'audace : un risque ?

« Ne serait-il pas plutôt risqué de ne pas être plus audacieux ? Dans un monde en perpétuel mouvement confronté à une mondialisation des marchés, dans une société où les ressources financières sont souvent limitées, est-ce de l'audace ou de la sagesse que d'explorer de nouvelles façons de faire les choses et d'emprunter de nouvelles avenues ? Peut-on parler d'audace quand on a une bonne connaissance et une grande expérience de son secteur d'activité ?

Il me semble que c'est une question de gros bon sens. Dans le monde actuel, pas besoin d'être devin pour réaliser que les gens qui réussissent n'ont pas hésité à sortir des sentiers battus et à explorer de nouvelles façons de faire. Bien sûr, on a qualifié ces gens d'audacieux.

---

[39]Robert Flory, sur le jeûne.

Mais avaient-ils réellement le choix ? S'ils n'avaient pas été de l'avant, que ce serait-il passé ? C'est certain qu'il y avait un risque (il y a toujours un risque), mais si on veut évoluer, croître, se dépasser, on n'a pas d'autres choix que de prendre ce risque.

En fait, pour revenir à ma base de départ, j'insiste qu'il serait excessivement risqué de ne pas être audacieux, de ne rien faire et de laisser les choses aller »[40]

a. Imaginez avec audace

Je sais que beaucoup n'osent pas parce qu'ils craignent l'échec. Et si tout irait bien sans échec ? Tu vas me dire, s'il n'y aura pas d'échecs, je m'engerais. Comment sauras-tu qu'il n'y aura pas d'échecs si tu ne t'engages pas au préalable ? Au lieu de mépriser les humains, méprise les obstacles et vois toujours le succès. Sois optimiste. Abandonne pour peu ton pessimisme amer. Essaye, même si tu vas avancer en claudiquant ; tu arriveras un jour. Ton ami Mark t'encourage : « **En chaque obstacle, en chaque échec, en chaque désavantage ou défaut dont vous avez été affligé se trouve le germe d'un bénéfice supérieur »**[41].

Il poursuit en disant : « Evidemment, il n'y a pas que les handicaps physiques qui puissent être surmontés…Le manque d'instruction, la pauvreté, les difficultés initiales, tout cela peut servir de levier, de tremplin à votre succès. Plus encore, de nombreux hommes d'affaires à succès témoignent que ce fut souvent *immédiatement après un échec retentissant* qu'ils connurent le succès le plus éclatant. Rappelez-vous de cette curieuse ironie du sort *lorsque la tentation d'abandonner vous viendra : **Souvent un seul pas de plus, et le succès est à votre portée** ».

Même pour les chercheurs d'emploi, le manque d'audace ne pardonne pas ! Pendant vos études, fixez-vous déjà un objectif, un profil bien déterminé, même si cela n'est pas votre destinée. Cette façon de faire va beaucoup vous motiver et vous n'aurez pas les mêmes compétences que plusieurs qui ont ou auront le même diplôme que vous. Agissez comme si votre poste vous attend déjà dans une administration, une entreprise…Et cela se réalisera tôt ou tard. Apprenez à réaliser vos objectifs déjà à la maison par la méthode de la répétition[42]. N'ayez aucune pensée négative. ***La vie est réservée aux audacieux*** !

---

[40]Michel LESAGE, présenté dans le cadre du colloque de l'Association des gestionnaires de parcs immobiliers en milieu institutionnel.

[41]Osez la différence.

[42] Apprenez à affirmer ou à déclarer vos souhaits. Vivez-les par toutes sortes de simulations mentales et tout marchera…tôt ou tard.

Ne vivez jamais sans objectifs, même si vous n'avez pas d'argent. Stockez-les dans votre mémoire, dans la nature, dans votre esprit et dans la ''banque'' de réalisation des objectifs en les confessant jour et nuit. Quand l'argent viendra, car cette façon-là va l'attirer, vous allez aisément mettre vos projets en œuvre. Soyez toujours prêts à répondre à la question suivante : Quels sont les objectifs de votre vie ?

« Pensez aux grands hommes que vous connaissez, pas seulement à ceux qui emplissent les livres d'histoire, mais à ceux qui sont encore vivants et qui vous entourent... »[43].

Cette attitude va beaucoup vous motiver !

L'audace vous projette dans l'avenir et vous permet de vivre dans la situation souhaitée ; vous devez toujours la vivre en pensée ! Si vous demandez un don au Seigneur, comme par exemple le don des miracles, vous devez commencer à le vivre en pensée, par votre imagination. Vous vous représentez un auditoire nombreux parmi lequel vous voyez Dieu opérer par vous. Vous pouvez le faire pour tout don, même le don de secourir. Vous vous représentez une société dans laquelle vous intervenez activement avec la puissance de Dieu. Vous devez-vous représenter tout ce que vous souhaitez avoir dans l'avenir. Cela vous permettra de corriger les anomalies qui pourraient s'y glisser le moment venu.

Cette méthode est tellement puissante que pour le cas de la création d'une organisation par exemple, vous pouvez constituer le manuel de procédure, le règlement intérieur et les statuts au fur et à mesure que vous en pensez. *J'en sais quelque chose !* Car même ce livre, bien qu'il ait été révélé par le Saint-Esprit, doit des temps de recherche à l'imagination. A chaque que fois que je me voyais, par l'imagination, en train d'écrire un livre, je me faisais aussi une idée des recherches possibles. Tous les livres et les articles dont je vous cite sont soit près de moi soit dans ma machine : *C'est bien le fruit de l'imagination audacieuse !*

« Par exemple pour l'emploi dont vous rêvez, imaginez-vous au cours de l'entretien d'embauche. Le recruteur est impressionné par votre assurance et la pertinence de vos réponses. A la fin de l'entretien, il se lève et vous tend la main pour vous féliciter et vous souhaiter la bienvenue au sein de l'entreprise. Vous avez réussi. Vous l'entendez qui répète : JE VOUS FELICITE. (Cette méthode vous parait peut-être naïve et simpliste mais saviez-vous quel personnage célèbre y recourait régulièrement ? Vous êtes intrigué, n'est-ce pas ? Vous croyez que semblables méthodes ne s'adressaient qu'à des gens démunis ? Eh bien détrompez-vous ! Par exemple le grand poète

---

[43]Mark.

allemand Goethe y recourait très régulièrement, chaque fois qu'il se sentait un peu déprimé {Eh oui, même les grands hommes se sentent parfois déprimés et ont besoin de petits trucs pour se remonter !!!}. Le soir, avant de s'endormir, il se représentait mentalement en présence de son meilleur ami (peut-être le poète Schiller) qui lui répétait : JE TE FELECITE).

Représentez-vous dans votre nouveau bureau. Il est vaste, très éclairé, joliment décoré. Vous vous sentez drôlement confiant et content de votre nouvelle position. Vos nouveaux collègues vous sont présentés à tour de rôle. Ils sont enchantés de vous rencontrer »[44].

Je cite tant et plus d'auteurs pour vous prouver que je ne profère pas des propos vides, sans aucun fondement pratique et réel.

b. Qu'est-ce que l'audace et son domaine de réussite ?

Vous me poserez la question suivante : Si l'audace est si importante, qu'elle est vraiment son essence, sa signification ? Dans cet ouvrage, la sémantique du mot **audace** n'est pas très différente du sens accordé par les lexicologues. Larousse dit : « Hardiesse, grand courage ». Mais, je préfère encore ceci : « Disposition ou mouvement qui porte à des actions extraordinaires au mépris des obstacles et des dangers »[45].

Je ne vous ai pas acculé au suicide ! Méprisez les obstacles pour réaliser vos rêves, pour ne plus être paresseux et fatalistes. Ceux qui parlent de fatalité sont les gens qui ne savent pas ce qu'ils veulent ! ***L'audace a un domaine de réussite, une frontière, un parcours précis, une trajectoire précise à un moment déterminé !***

« Demandez aux gens autour de vous ce qu'ils veulent dans leur existence, ils vous répondront des banalités ou généralités comme 'je veux être bien', 'je veux être plus heureux' ou 'je veux réussir ma vie'. D'autres vous répondront ce qu'ils ne veulent pas : 'Je ne veux plus avoir de kilos en trop', 'je ne plus être pauvre', 'je ne veux plus être seul' ou 'je ne veux plus être à découvert sur mon compte en banque'.

Si beaucoup de gens sont incapables de vous dire comment ils veulent que leur vie de demain soit, d'autres ne voient même pas l'intérêt de se poser la question. Ils ont appris des choses pendant leur scolarité, ont obtenu des diplômes, ont appris leur métier, et maintenant ils sont en vitesse de croisière, vivent chaque jour plus ou moins la même chose et considèrent que la vie est ainsi faite. Ils sont installés dans une

---

[44]Mark.
[45]Le Petit Robert.

routine plus ou moins confortable qui les rassure sur l'apparente solidarité des choses et ils pensent déjà à la retraite qui arrivera déjà dans 30 ans.

Pour certains, le but est d'atteindre cette stabilité en se mariant et en ayant un emploi stable et sûr. N'avez-vous jamais entendu dire qu'il fallait chercher la sécurité de l'emploi ? »[46].

Cet auteur préconise le dynamisme !

Chacun doit imaginer pour le bien de la société. N'enterrons plus nos rêves à cause de la peur, notre ennemi mortel. Tu as une vision qui t'es propre. Reste calme et réalise-là !

« Dans ma conception ou ma philosophie de vie, il m'arrive souvent de dire : La vie est faites pour réaliser ses rêves. Nous avons tous au fond de nous, un idéal, une ambition, un rêve…que trop souvent nous mettons de côté, ou encore que nous repoussons à plus tard…On y pense…On hésite…mais on n'ose pas. On remet à plus tard en disant que je vais faire ceci ou cela en attendant…Il se peut que cette attente devienne celle de toute une vie » [47].

Il dit encore : *"**La vie nous offre tout, mais ne nous donne rien. Tout est possible. Mais il faut faire un petit effort**"*. Je vous disais bien que la fatalité n'existe pas ! Elle existe seulement pour ceux qui n'osent pas, qui manquent d'audace ; ce sont des timorés misérables qui ne font rien et ne veulent rien faire du tout. Je vous exhorte à devenir audacieux afin de bannir la timidité et la peur d'entreprendre de nouvelles choses. Car c'est là le chemin de l'audace et de la passion, voire du succès.

« Cela va de soi, il faut être audacieux, il faut prendre des risques. Mais si ceux qui réussissent sont des gens qui osent…il ne faut pas tirer la conclusion que tous les gens qui osent réussissent. C'est là, je le pense, la plus grande nuance à apporter »[48].

Je vous l'ai dit plus haut. Quand on est trop audacieux, l'on s'écarte de toute logique et de toute orthodoxie. Chacun doit donc s'évaluer avant de s'engager dans quelque projet, pour ne pas prendre des décisions à l'emporte-pièce. Moi personnellement, n'étant pas déjà vraiment moyen en anglais, je ne peux pas décider d'aller étudier aux Etats-Unis d'Amérique, même si j'ai de l'argent pour cela. Même la sagesse d'un nourrisson vaudrait d'abord que j'apprenne au minimum l'anglais qui me permettra de

---

[46]David KOMSI, sur les sept clefs du Bonheur.
[47]Marcel BELIVEAU, sur 21 jours magiques.
[48]Michel LESAGE.

prendre les notes et de mieux les restituer lors des compositions. *La langue anglaise est dans ce cas précis une frontière à mon audace ; la langue française est donc le domaine de réussite de mon audace !*

Pour continuer, je suis un ignare en ingénierie forestière *–frontière de mon audace-*, mon toupet ne doit donc pas m'entraîner dans la folie d'investir dans ce domaine-là. Je devrais d'abord m'imprégner des méthodes de gestion et de l'environnement d'une telle industrie, *afin d'en créer un domaine de réussite à mon audace.*

C'est ainsi qu'un paresseux ne devrait normalement pas demander le mariage au Seigneur. *Parce ce dernier prêche et crée un système de pauvreté.* Il doit d'abord détruire la paresse ! Tu ne peux pas demander à être chauffeur dans une société si tu n'as pas le permis de conduire. Comment iras-tu en Europe ou à l'étranger en général sans visa ou tout autre autorisation appropriée ?

Quand donc, désormais, l'on s'engage à cause de l'audace dans un projet, quelles que soient sa nature et son importance, l'on devrait d'abord satisfaire les exigences intermédiaires !*C'est une trajectoire précise de l'audace ; c'est un parcours précis qui s'impose !*

L'audace est une force qui nous habite et que nous devons tous susciter. Conjuguée à l'enthousiasme, le résultat devient palpitant et sensationnel. Voilà deux sésames de réussite qui peuvent nous permettre de tout faire ! Mais à condition qu'on le fasse bien.

DERNIERS CONSEILS (RESUME)

Dans la vie, il faut faire quelque chose pour rencontrer un jour le bonheur. Celui-ci est une réalité complexe, mais j'ai appris entre-temps que le bonheur, c'est le fait de vivre son choix, de poursuivre la vie que l'on voudrait mener, de rechercher le plein besoin de son cœur afin de le satisfaire.

Le plus souvent, pour vivre le bonheur, il faut écouter son cœur, même si le cœur nous oriente dans un monastère, c'est là qu'il y a notre place. Le bonheur, c'est vivre son choix, même si celui-ci nous conduit au chômage apparent. En effet, on peut être diplômé de toutes les grandes écoles de commerce ou de gestion que l'on peut imaginer, et voilà que le cœur nous appelle à faire carrière dans la société civile, pas toujours en tant qu'employé, mais parfois comme bénévole, volontaire ou fondateur d'une œuvre sociale. L'essentiel dans la vie, c'est d'écouter son cœur et de vivre avec passion ce qu'on veut faire. Cependant, avec Dieu, les choses peuvent être autre chose, car Celui-ci peut vous orienter Lui-même mais pas en dehors du bonheur. Il est d'ailleurs écrit : « **Car je connais les projets que j'ai formés sur vous, dit l'Eternel, projets de paix et non de malheur, afin de vous donner un avenir et de l'espérance** » (Jérémie 29 : 11).

Ce que je peux vous souhaiter, c'est que Dieu vous permette d'assimiler au mieux cette œuvre qui est destiné à tous.

Pour la paix et la gloire de Dieu ! Amen !

Poète de l'Eternel,

L'Editeur de Nsimalen

NB : Cet opuscule est l'extrait d'un texte qui date de 2014. Je préfère préserver son originalité afin d'apprécier fidèlement l'efficacité de mes écrits et le ton de mon inspiration dans le temps.

Sommaire